Sibylle Selbmann

DER BAUM

Symbol und Schicksal des Menschen

Badenia Verlag Karlsruhe

Die Deutsche Bibliothek – CIP-Einheitsaufnahme

Selbmann, Sibylle:
Der Baum : Symbol und Schicksal des Menschen / Sibylle Selbmann.
[Fotos: Hans Jörg Hauser ...]. – Karlsruhe : Badenia-Verl., 1993
    ISBN 3-7617-0289-2

Abbildung 1. Umschlagseite: Baum der Erkenntnis, siehe Anhang C 1
Abbildung 4. Umschlagseite: Germanischer Lebensbaum

Die erste Ausgabe erschien als Katalog im Selbstverlag der
Badischen Landesbibliothek Karlsruhe (1984)

Herstellung: Badenia Verlag und Druckerei GmbH, Karlsruhe
Fotos: Hans Jörg Hauser, Joachim Mantel, Karl-Heinz Reiff, Felix Wachter
Fotoarbeiten: Helene Börner, Karla Stürmlinger, Beate Tscherbatschoff
Printed in the Federal Republic of Germany

ISBN 3 7617 0289 2

Inhaltsverzeichnis

Vorwort

Der schon lange vergriffene Ausstellungskatalog „Der Baum. Symbol und Schicksal des Menschen" liegt jetzt erstmalig als Buch-Publikation vor. Mein herzlicher Dank gilt Herrn Professor Dr. Helmut Engler, der mir als Minister für Wissenschaft und Kunst des Landes Baden-Württemberg die Rechte der Verwertung überlassen hat.

Die 1984 in der Badischen Landesbibliothek in Karlsruhe konzipierte Wanderausstellung – sie war auch in Tübingen, Marburg, Frankfurt/Main, Stuttgart, Freiburg, Speyer, Bremen und Gernsbach zu sehen – erzielte bundesweit eine ungewöhnlich hohe Resonanz bei Presse, Funk und Fernsehen. Der Katalog erschien 1984 und 1985 in vier Auflagen und 1989 in einer Übersetzung in Japan.

In die Neuauflage wurde der frühere Ausstellungsteil als Anhang übernommen; auf die zahlreichen Quellenbelege sollte nicht verzichtet werden. Abgesehen von einigen sachlichen Berichtigungen erfuhr sie keine Veränderungen. Weitere Literaturhinweise und Quellenbelege wurden nicht aufgenommen; ihre Einarbeitung hätte keine wesentliche Veränderung bedeutet, sondern lediglich eine Vermehrung der Quellenbelege zu bestimmten, bereits in der Originalausgabe ausgesprochenen Interpretationen des Baum-Symbols.

Wenn die Nachfrage nach diesem Werk noch immer unvermindert anhält, ist dies ein Indiz für die ungebrochene Aktualität des Themas, eine Aktualität, die schmerzlich stimmt. Luftverschmutzung und rücksichtsloser Kahlschlag haben dazu geführt, daß der Wald weltweit bedroht ist. Aus dem Symbol des Lebens, des Wachstums, der Kraft und des Ausdauerns ist der Baum heute ein Symbol der Verletzlichkeit und der Verletzbarkeit geworden. Der Baum, der jahrtausendelang den Menschen geschützt hat, braucht heute den Schutz des Menschen. Wenn wir ihn nicht schützen, werden wir selbst bald schutzlos sein. Eindringlich warnt Friedensreich Hundertwasser: „Nur wenn du den Baum liebst wie dich selbst, wirst du überleben." Dies ist ein Appell an unsere Bereitschaft zur Mitverantwortung. So ist denn gerade heute, in einer Zeit, in der sich bei vielen Gleichgültigkeit, Resignation und Fatalismus breitmachen, das Martin Luther zugeschriebene Wort aktueller denn je: „Wenn ich wüßte, daß morgen die Welt untergeht, so würde ich heute noch ein Apfelbäumchen pflanzen."

Sibylle Selbmann

Einleitung

Zahlreiche Gegenstände und Lebewesen haben für uns symbolische Bedeutung. Doch kein Gegenstand und kein Lebewesen weist eine so zentrale und zugleich vielfältige Bedeutung auf wie der Baum. Der Baum ist ein Ursymbol. Er zählt zu den ältesten und am weitesten verbreiteten Archetypen der Menschen. Nicht zufällig beginnt und endet mit diesem Symbol die Heilige Schrift. Nicht zufällig nimmt der Baum in Kindermalereien einen so großen Raum ein. Diese zentrale und zugleich vielfältige symbolische Bedeutung des Baumes zu zeigen, ist ein Ziel der Publikation. Doch verfolgt sie noch ein weiteres Ziel. Baum und Mensch gehören auf mythische Weise zusammen. Beide haben vieles gemeinsam. Dieses Gemeinsame, das bis zur Identifizierung des Menschen mit dem Baume gehen kann und in den mythischen Vorstellungen der Metamorphose mündet, wurde schon früh empfunden. Zahlreiche Hinweise darüber finden wir bereits in den ältesten literarischen Überlieferungen. Mit fortschreitender Kultur, im Zuge von Entmythologisierung, Technisierung und damit im Zusammenhang einer zunehmenden Naturentfremdung hat der Mensch jedoch das Bewußtsein dieser Identität mehr und mehr verloren. Wenn der Baum stirbt, stirbt auch der Mensch! Diese menschliche Urerfahrung, die heute eine erschreckende, bedrückende Aktualität gewonnen hat, wieder bewußtzumachen, ist ebenfalls Ziel dieses Buches.

Zum Konzept erscheinen drei Vorbemerkungen nötig. Der Baum spielt eine wesentliche, oft sogar eine zentrale Rolle in Märchen und Sagen, in Religion, Dichtung, Malerei und Musik, in Rechts- und Volksbräuchen, so daß sich eine Gliederung in diesen Querschnitten zunächst anbietet. Doch spielt er nicht immer die gleiche Rolle. Vielmehr werden ihm verschiedene symbolische Bedeutungen, verschiedene Funktionen, verschiedene Wirkungen und Kräfte zugeschrieben. Diese im Zusammenhang darzustellen, erschien mir wichtig. Wenn wir – um ein Beispiel zu nennen – dem Baum als Ort des Schutzes in Märchen und Sage, in Dichtung, Malerei und Musik sowie im Volksbrauchtum begegnen, so zeigt das doch, daß ihm diese Bedeutung nicht von diesem oder jenem Menschen, nicht zu der oder jener Zeit zugesprochen wurde, sondern von den Menschen aller Zeiten. Nur so, im Längsschnittverfahren, kann dieses Urempfinden, das sich, wenn auch schwächer werdend, über Jahrtausende erhalten hat, sichtbar und verständlich gemacht werden. Aus dem gleichen Grund entschied ich mich nicht für eine Gliederung nach Kulturen oder Kontinenten.

Bei der Zuordnung einiger Phänomene ergaben sich Schwierigkeiten, da Begriffe wie z. B. Lebensbaum oder Weltenbaum in der Literatur unterschiedlich definiert und gedeutet werden. Manche Autoren subsumieren beinahe alles unter dem einen oder dem anderen Begriff. Hinzu kommen Überschneidungen, denn der Weltenbaum z. B. ist immer auch ein heiliger Baum. Auch kann ein und derselbe Baum – etwa in einem Märchen – sowohl Ort des Schutzes als auch Ort der Liebe sein oder – etwa in einer Novelle – zugleich Gerichtsstätte und Ort des Todes. In all diesen Fällen gab das dominierende Merkmal bzw. die wichtigere Funktion des Baumes den Ausschlag für die Einordnung. Neben dem Baum haben Teile des Baumes wie z. B. Blüten, Blätter, Früchte und Zweige sowie verschiedene Baumarten (Linde, Eiche, Lorbeer u. a.) eine besondere symbolische Bedeutung. Diese umfangreiche Thematik konnte nur wenig berücksichtigt werden. Die Bedeutung des Waldes wurde ebenfalls nicht untersucht. Thema ist daher allein der Baum. Wenn auch hier eine vollständige Darstellung nicht angestrebt werden kann, sind andererseits die Beispiele so gewählt, daß sie die zentralen Aspekte des vielschichtigen Themas deutlich werden lassen. Es wurde nicht nur auf alte Mythen, Märchen und Bilddarstellungen zurückgegriffen, sondern es wurden auch spätere, heutige Darstellungen einbezogen, wo immer sich die Möglichkeit dazu bot. Dabei zeigte sich, daß dem modernen Menschen das Bewußtsein der Schicksalsgemeinschaft von Mensch und Baum noch nicht ganz verlorengegangen ist. Selbst ein so altes mythisches Phänomen wie die Baum-Metamorphose erfährt noch im 20. Jahrhundert seine literarische und künstlerische Gestaltung.

Der Weltenbaum

Tief greifen die Wurzeln des Baumes in die Erde. Senkrecht steigt sein kräftiger Stamm auf. Hoch hinauf, dem Himmel zu, strebt seine Krone.

Kein Wunder, daß die Gestalt des Baumes ihn schon früh zum Mittler der drei kosmischen Zonen werden ließ, des Unterirdisch-Chthonischen, der Erde und des Himmels. Viele Völker sprechen daher von einem Welten- oder Himmelsbaum, der tief unter der Erde wurzelt und dessen Krone bis zum Himmel reicht. Der Baum wurde zum Symbol des Alls. Als Weltachse verbindet er die drei kosmischen Bereiche Himmel, Erde und Unterwelt. Er ist Mittelpunkt der Welt und Stütze des Universums. Auch die Mittelstellung ermöglicht ihm die Verbindung zum Himmel. Als eine *imago mundi* ist er außerdem Sinnbild ständiger Erneuerung und kosmischer Regeneration, symbolisiert er Heiligkeit und universale Fruchtbarkeit, absolute Wirklichkeit und Unsterblichkeit. „Der Weltenbaum überspannt", formuliert Manfred Lurker, „Raum und Zeit, überbrückt Leben und Tod, überwindet alle Pole des Seins und ist damit auch" ein Sinnbild „für die Einheit des Kosmos"[1].

Sehnsucht nach Einheit und Ganzheit, Sehnsucht nach absoluter Realität drückt sich in Magrittes Bild *Auf der Suche nach dem Absoluten* aus. In diesem Bild stellt der bekannte surrealistische Maler neben einer weißen Kugel einen großen, senkrecht in die Höhe strebenden Baum dar, eine moderne Weltenbaumvision. Auch Ernst Jünger sah im Baum das kosmische Urbild. „Wir ahnen, daß nicht nur das Leben, sondern das Weltall nach diesem Schlüssel in Zeit und Raum ausgreift"[2].

Meist bewohnen mythische Tiere diese Weltenbäume. Manchmal leben in ihnen die Seelen Verstorbener oder Ungeborener, oft in Gestalt von Vögeln. Manchmal steigen Sonne und Mond an ihnen auf und ab. In Indien und in China residieren auf ihnen Götter oder Dämonen. Bekannt sind hier auch die zwölf Sonnenvögel, wahrscheinlich mit Symbolbezug auf den Tierkreis. Vögel im kosmischen Baum symbolisieren oft höhere geistige Seins- und Entwicklungsstufen.

In den Mythen Indiens, Indonesiens, Mikronesiens, des Nahen Ostens und Afrikas begegnet uns auch die Vorstellung vom umgekehrt wachsenden Himmels- oder Weltenbaum. Der umgekehrte Baum, der Baum mit seinen Wurzeln im Himmel und seinen abwärts, auf die Erde zuwachsenden Ästen ist ein ursprüngliches Abbild, das man sowohl in primitiven als auch in hoch entwickelten Kulturen findet. Es ist am stärksten ausgeprägt in den indischen und in den jüdischen mystischen Traditionen, wo es ein Symbol für die Offenbarung des Kosmos aus einer einzigen transzendenten Wurzel darstellt. In den Upa-

A 2   Weltenesche Yggdrasil

8

nishaden z. B. wurzelt der ewige Feigenbaum Ashvatta im Himmel. Seine Zweige greifen tief hinunter in die Erde. Er bedeutet das Reine, Lichte, das Brahman, das Todlose. Das Loslösen des Menschen vom kosmischen Leben bezeichnet die Bhagavadgita als ein Abschneiden des Baumes von seinen Wurzeln. Die Kabbalisten verstanden die Schöpfung als äußere Manifestation der inneren Welt Gottes, und sie benutzten das Bild des umgekehrten Baumes, um diese Idee zu veranschaulichen. Denn wie der Same den Baum enthält und der Baum den Samen, so enthält die verborgene Welt Gottes die gesamte Schöpfung, und die Schöpfung ist umgekehrt eine Offenbarung der verborgenen Welt Gottes.

Dante greift die Idee vom umgekehrt wachsenden Riesenbaum in seiner *Göttlichen Komödie* auf. Er schildert die Himmelssphären als Krone eines Baumes, dessen Wurzeln nach oben gerichtet sind.

Am bekanntesten ist uns die nordgermanische Weltenesche Yggdrasil. Die Seherin der Völuspa singt:

> Eine Esche weiß ich stehen, heißt Yggdrasil,
> Den hohen Stamm netzt weißer Schaum;
> Davon kommt der Tau, der in die Täler fällt.
> Immergrün steht er über Urds Brunnen[3].

Die Völuspa aus der Lieder-Edda, eine Sammlung isländischer Helden- und Göttersagen, Zaubersprüche und Gebete, im 13. Jahrhundert geschrieben, nennt sie den „allnährenden Weltbaum". Yggdrasils Stamm stützt die Erde. Ihre Krone reicht über das Himmelsgewölbe hoch hinaus, und ihre Äste breitet sie über die ganze Welt. Ihre drei Wurzeln reichen in dunkle Tiefen, eine befindet sich im Reiche Hel, die andere bei den Reifriesen, die dritte bei den Menschen. In ihrem Wipfel wohnt Odins vielwissender Adler, der zwischen seinen Augen einen Habicht trägt. Er kämpft mit dem Drachen Nidhögg, der an der Wurzel des Baumes nagt. Am Stamm der Esche läuft das Eichhörnchen Ratatöskr auf und ab, um die Auseinandersetzung zwischen Adler und Nidhögg zu schüren. An ihren Zweigen weiden die Ziege Heidrun und der Hirsch Eikthymir. Die Nornen begießen den immergrünen Weltenbaum. Und täglich kommen die Götter über die Brücke des Regenbogens, um Rat und Gericht zu halten.

In Richard Wagners *Ring des Nibelungen* erzählen die Nornen im Vorspiel der *Götterdämmerung* vom Ende der Weltenesche. Seit Wotan von ihr einen Ast gebrochen hat, um sich den Schaft eines Speeres zu schneiden, ist sie abgestorben. Walhalls Ende ersehnend, hat Wotan das Holz der verdorrten Esche um die Götterburg schichten lassen. Walhall soll, so verkünden die Nornen, von Flammen verzehrt werden.

Auch die Menora, obwohl gelegentlich als Lebensbaum bezeichnet, ist ein

Symbol des Weltenbaumes. Ihre Form stammt aus dem alten Mesopotamien. Ihre sieben Arme haben astrologischen Ursprung und stehen für die sieben damals bekannten Himmelskörper (Sonne, Mond, Merkur, Venus, Mars, Jupiter, Saturn). Für den großen jüdischen Philosophen Philo von Alexandria (ca. 30 v. bis 50 n. Chr.), dessen Ziel es war, mosaisches Gesetz und orientalisches Denken mit der griechischen Philosophie Platons zu verbinden, repräsentierten die gebogenen Arme des Leuchters die Bahnen der Planeten um die Sonne; diese stand im feststehenden vertikalen Mittelschaft, dessen Lampe das Licht Gottes war, von dem die anderen sechs ihren Abglanz bekamen. Das Vorbild, das Moses auf dem Berg gezeigt wurde, war die innere geistige Form der Welt, deren äußere Reflexion die Menora war. Die sieben Lampen der Menora waren zugleich die sieben Augen des Herrn, wie sie der Prophet Sacharja (Sach 4, 10) beschreibt.

In Sibirien dachte man sich den Weltenbaum als Lärche, an dem Sonne und Mond in Gestalt eines goldenen und eines silbernen Vogels auf- und absteigen. Die Altaier stellten sich ihn als Riesentanne vor.

In Zentral- und Nordasien symbolisieren die sieben bzw. neun Weltenbaumzweige die sieben bzw. neun Himmelsebenen. Der kosmische Baum steht hier auch im Mittelpunkt des Ritus. Wenn der Schamane einen Baum ersteigt, um Weisheit zu erlangen, versinnbildlicht dies die Himmelfahrt.

In einer altjapanischen Malerei (Anfang 7. Jahrhundert) auf dem Tamamushi-Altar in der japanischen Stadt Nara ist der Weltenbaum gleichzeitig Weltenberg. Die untere Region stellt die Erde, die mittlere Kristall und die obere Gold mit dem Tempel der Ahnen dar. Wie in der Alchemie nach C. G. Jung Baum und Stein, *arbor* und *lapis,* auswechselbare Symbole sind, so sind in manchen Mythen auch Weltenbaum und Weltenberg identisch. Vor allem bei nordasiatischen Völkern ist die Verbindung Weltenbaum-Weltenberg oft anzutreffen. Die Abakan-Tataren stellen sich ihren Weltenbaum z. B. als eine weiße Birke mit sieben Ästen vor, die in der Mitte des Erdkreises aus einem eisernen Weltberg hinaus zum Himmel wächst.

Nach polynesischen Vorstellungen wuchs der Weltenbaum ununterbrochen aus dem Urgrund. In der Mythologie der Oglala-Sioux war er ein rot glänzender, blühender Stab in der Mitte der Welt. Dieser sproßte und trieb mächtig. Er entfaltete sich zum riesigen ,,raschelnden Baum voller singender Vögel, . . . bis die Geschlechter der Menschen unter seinen Zweigen wohnen konnten''[4]. Die Azteken erblickten in der Milchstraße einen großen, die Welt umspannenden Baum.

Einen interessanten Beitrag zum Thema Weltenbaum finden wir in der Negerkunst der Senufo an der Elfenbeinküste. Eine Frau muß hier die Riesenkrone des Weltenbaumes tragen. Tief gebückt kauert sie unter der Last. Auf ihrem

Der herr gepote auch zewerden einē leüchter auß allerrainstem gold gegoßen. des schefft oder starñ was dē leüchterstock oder füß angehefftet. vnd eyßnin. vnd gezieret mit guldein rörñ: geknöpfft in gestalt eins rors. vnnd wa sich die hawbter der rörñ zu einander fuegten do warñ als zwen knöpff oder kelch in gestalt einer nuß vnd auß dem grund des knopfs raichten gepogen plumen herfür als die lilien. vnd in dem selben grund zwischē dem knopff vnd den lilien was ein vmlawffendes knöpflein. vnd so dēn also in dem scheft oder stēmen fünff rörñ in dise gestalt zu einander gefüegt warn. so warn daselbst vier fügen der yede het als zwen zusamen gefüegt köpf vnd die knöpflein beyeinander vnd die lilien. Aber der leüchterstock gienge gestracks auff in die höhe vñ het vn den drey stollen oder füß. vnd oben sechs rörñ auß dem stammen. drey auff einer vnd drey auff der andern seytē gepogen übersich aufraichende bis an die höhe des stammen. vnd an dem stammē vier knöpff gleich einer nuß die etlich appfelein nennen. also das zwen knöpff einer gegen dem andern gelegt ein appfelein machten. Rabi sa lomon schreibt das dise knöpff lenngelet in die lennge gefoemet vnd also geschickt werñ das ein ror durch. mittel des knopfs wer gegangen. vnd die knöpflein beyeinander vnd die lilien vnd das appfelein vnnd die plüm (als die hebreyschen sprechen) sind iñ leüchter zu zierde gesetzt. vnd diser leüchter was (als Josephus sett) auß .lxx. zusamen gesetzten stucken in einem stock aufgerichtet. vnnd wie er ymmer gemacht was so het er obē sybē gleiche

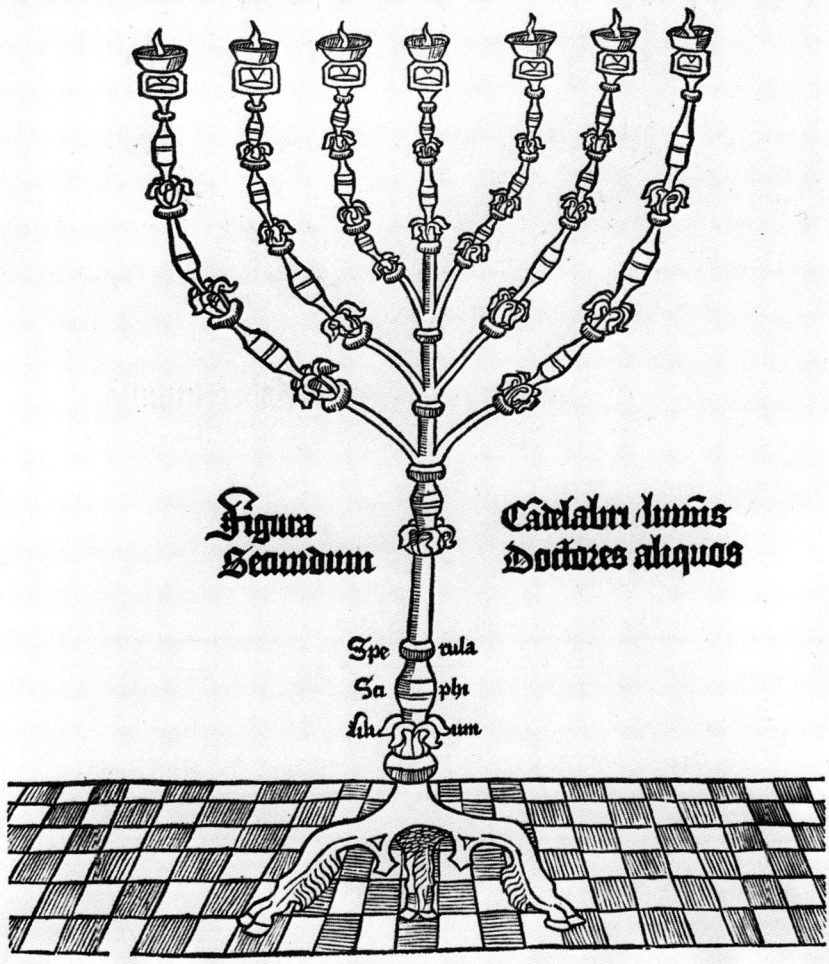

Figura
Secundum

Candelabri luminis
Doctores aliquos

Spe   rula
Sa   phi
Sih   dum

A 3   Menora. Holzschnitt. Hartmann Schedel, Weltchronik, 1493

11

Kopf steht ein wesentlich kleinerer Mann, der von Tieren angegriffen wird. Die Tiere auf den höheren Zweigen bekämpfen und verschlingen sich gegenseitig.

Zwischen Welten- und Lebensbaum gibt es zahlreiche Überschneidungen, jedoch keine Identität, wie es z. B. Kettler darstellt. Auch zwischen dem Weltenbaum und den heiligen Bäumen gibt es Zusammenhänge.

Die heiligen Bäume stellen nach Mircea Eliade meist unvollkommene Nachbildungen dieses beispielhaften, vom Weltenbaum verkörperten Archetypus dar, d. h. von ihnen wird angenommen, daß sie ihren Standort im Weltzentrum haben. Ebenso werden alle rituellen Bäume und Pfähle, die man bei einer religiösen Zeremonie weiht, magisch ins Weltzentrum hin projiziert.

ANMERKUNGEN

[1] Manfred Lurker, Der Baum in Glauben und Kunst unter besonderer Berücksichtigung der Werke des Hieronymus Bosch, Baden-Baden 1960, S. 18.
[2] Zitiert nach Pan 4, 1983, S. 84.
[3] Völuspa, Str. 19. Zitiert nach: Die Edda. Germanische Göttersagen aus erster Hand, Übersetzung Karl Simrock, Wien 1981, S. 183.
[4] Lexikon der Symbole, hrsg. von Wolfgang Bauer und Irmtraud Dümotz, Gütersloh o. J., S. 97.

Der Lebensbaum

Der Lebensbaum grünt und blüht ewig. Seine Früchte verleihen Gesundheit, Jugend und Unsterblichkeit. Die Vorstellung vom Lebensbaum gehört zum Mythos des Weltenbaumes. Nach Mircea Eliade nimmt er religiöse Wertmomente des Weltenbaummythos auf und entwickelt sie weiter. Eine scharfe Trennung zwischen beiden ist daher nicht möglich. Doch kann ebensowenig von einer Identität zwischen Welten- und Lebensbaum gesprochen werden, wenn es auch Weltenbäume gibt, die zugleich Lebensbäume sind. So ist die immergrüne, am Urdbrunnen stehende Welteneshe Yggdrasil Welten- und Lebensbaum zugleich. Dort, wo der Weltenbaum zugleich Lebensbaum ist, findet sich meist auch ein Brunnen, eine Quelle, ein Fluß oder ein See als Lebenswasser.

Nach dem Schöpfungsbericht der Bibel steht der Baum des Lebens mitten im Paradies, wo ein Strom entspringt, der sich in vier Hauptwasser teilt, Geon, Phison, Euphrat und Tigris. In frühchristlicher Zeit bezog man die Paradiesströme oft auf die vier Evangelien und die vier Kardinaltugenden Weisheit, Gerechtigkeit, Tapferkeit und Besonnenheit, manchmal auch auf die Himmelsgegenden, die Elemente und die Weltalter. Die Apokalypse stellt den Lebensbaum mitten in den Strom des Lebenswassers, das glänzend wie Kristall von Gottes Thron fließt. Hier ist der Lebensbaum mit den Gaben der Natur überladen. Er wird „Holz des Lebens" genannt, „das trug zwölfmal Früchte und brachte seine Früchte alle Monate; und die Blätter des Holzes dienten zu der Gesundung der Heiden" (22, 1 f.). Die Verbindung von Lebensbaum und Lebenswasser zeigt eine Sage der Jakuten besonders augenfällig. Hier wird der Lebensbaum König der Bäume genannt. Er wächst mitten auf der Wiese und ist viele, unzählbare Jahrhunderte alt. Seine Wurzeln durchwachsen die Unterwelt, während seine Spitzen alle neun Himmel durchstoßen. Das Wasser der Ewigkeit sprudelt unter seinen Wurzeln hervor. Und seine Zweige und Zapfen spenden einen Saft, der alte Tiere wieder jung macht.

Bei den lamaistischen Kalmücken steht der Lebensbaum Zambu in einem hochgelegenen Bergsee. Aus dem Saft der Früchte des Jambubaumes stammt nach brahmanischer Kosmographie der um den Meruberg fließende Strom. Alle, die von diesem Saft trinken, bleiben jung, gesund und reinen Herzens. Auch im südamerikanischen Mythos ist der Lebensbaum bekannt. Nach der Legende einiger Indianerstämme stand in einem fischreichen See einst ein großer Yuachanbaum. Die Menschen durften in diesem See nur die kleinen Fische fangen. Eines Tages tötete jedoch ein Dämon mit seinem Speer einen großen Fisch. Daraufhin ergoß sich eine große Flut über die Erde. Doch hatte der

B 2   Lebensbaum im Paradies. Zeichnung. Herrad von Landsberg, Hortus
Deliciarum, Hohenburg im Elsaß um 1185

B 3   Lebensbaum im himmlischen Jerusalem. The Trinity Apocalypse, um 1250.
      Cambridge, Trinity College

Dämon zuvor noch mit seinem Speer die Erde an einigen Stellen geöffnet, so daß das Wasser ins Meer fließen konnte. Der Yuachanbaum wurde daraufhin zur Hauptstütze der Erde und zum Sinnbild des Lebens. Er wurde Welten- und Lebensbaum zugleich. Altpersische Darstellungen zeigen die Wurzeln des Paradiesbaumes oft mit einem Spalt, aus dem das Lebenswasser fließen kann. Und in der mittelalterlichen Kunst des Abendlandes begegnen wir dem Motiv des Lebensbaumes, der aus einem Brunnen wächst. Manchmal ersetzt auch ein Krug den Lebensbrunnen.

Ägyptische Bilder zeigen häufig weibliche Baumnumina, die den Toten Wasser oder Früchte reichen. Meist handelt es sich dabei um die Himmelsgöttinnen Nut und Hathor, die ihren Sitz in einer Dattelpalme oder einer Sykomore haben. Die Bäume werden dadurch zu Lebensbäumen. Wer von ihrem Lebenswasser trinkt und von ihren Himmelsfrüchten ißt, wird nach dem Tod weiterleben.

In der assyrischen Kunst ist der Lebensbaum ein stilisiertes Gewächs, das sowohl an einen Lotos als auch an eine Pinie erinnert, die beide Sinnbilder der Fruchtbarkeit und der Unsterblichkeit sind.

Der Lebensbaum der Bibel wurde in der Kunst bei weitem nicht so häufig dargestellt wie der Baum der Erkenntnis. Doch finden sich oft Darstellungen von ihm am Beginn von Büchern oder Buchkapiteln sowie an Portalen und Türflügeln nach der Apokalypse: ,,Selig sind, die seine Gebote halten, auf daß sie Macht haben an dem Holz des Lebens und zu den Toren eingehen in die Stadt'' (22, 14). Auf einer Zeichnung im *Hortus Deliciarum* der Herrad von Landsberg wird ein Lebensbaum dargestellt, der als Früchte drei Menschenköpfe trägt. Vielleicht kann man in ihnen die ,,Überwinder'' sehen, die nach der Apokalypse (2, 7) vom Lebensbaum essen dürfen. Außerdem zeigt die Zeichnung die vier Paradiesströme.

Martin Schongauers Kupferstich *Jesus nach der Versuchung* (um 1470) stellt hinter Christus eine schlanke Palme dar. Auf der einen Seite der Palme steht ein Granatapfelbaum, der Baum der Erkenntnis. Auf der anderen Seite steht der Baum des Lebens, eine Eiche mit Vögeln in den Zweigen. Das Holz der Eiche galt als unverweslich, weshalb sie zum Sinnbild der Ewigkeit wurde. Zwischen beiden Bäumen steht die Palme (Christus). In ihr werden irdisches Leben und irdischer Tod aufgehoben.

Auch die Germanen kannten den Lebensbaum. Für sie war er jedoch weniger das Symbol für das ewige Leben im Jenseits, sondern vor allem das ,,Sinnbild für des Daseins Kette, deren Glieder durch Zeugung und Geburt das irdische Leben weitergeben''[1]. Unter den germanischen Runen ergibt die Vereinigung der Man-Rune ψ mit der Yr-Rune $\wedge$ den Lebensbaum χ . Die Man-Rune ist das Zeichen für den Mann, darüber hinaus symbolisiert sie den Menschen, der

B 4   Assyrischer Lebensbaum. Alabasterrelief von Nimrud, 9. Jh. v. Chr.

seine Arme zu den göttlichen Mächten erhebt. Die Yr-Rune, die Umkehrung der Man-Rune, ist das Zeichen für das Weibliche. Sie weist darüber hinaus auf die Wurzeln des Menschen hin, auf das „unbewußte, von den Ahnen überlieferte Wissen"[2].

Wir finden den germanischen Lebensbaum in der Volkskunst auf süddeutschen Hochzeitstruhen und Wiegen, aber auch an Türpfosten niederdeutscher Häuser. Dem Vorstellungskreis der Man-Rune wesensverwandt sind die dreigestaltigen, aus Gefäßen hervorwachsenden Blumen, denen wir nicht nur in der Volkskunst, sondern auch an alten Zigeunerwagen begegnen. Sie werden hier jedoch ausschließlich als Sinnbilder für Gedeihen im Leben, für Glück und Fruchtbarkeit interpretiert.

Auch auf christlichen Grabsteinen begegnet uns der Lebensbaum. So schmückte man z. B. auf den nordfriesischen Inseln die Grabsteine verstorbener Frauen häufig mit einem Baum, der Stamm- und Lebensbaum zugleich war, denn er trug so viele Rosen und Tulpen, wie die Verstorbene Mädchen und Knaben zur Welt gebracht hatte. Und auf dem Karlsruher Hauptfriedhof zeigt der Grabstein der 1978 verstorbenen Elsa Köhler ebenfalls einen Lebensbaum, dessen fünf Äste die fünf Kinder aus ihren beiden Ehen symbolisieren; die große Blüte, die den Baum krönt, versinnbildlicht, zusammen mit dem eingefügten Christussignum, das Weiterleben, während die Wurzeln des Baumes sowie die Verbreiterung des Steines am Sockel die Erdenschwere und das Verhaftetsein in der Erde ausdrücken[3].

ANMERKUNGEN

[1] Manfred Lurker, Der Baum in Glauben und Kunst, Baden-Baden 1960, S. 29.
[2] Lexikon der Symbole, hrsg. von Wolfgang Bauer und Irmtraud Dümotz, Gütersloh o. J., S. 39.
[3] Die Interpretation folgt den Angaben des Karlsruher Bildhauers Karl Huber, der den Grabstein geschaffen hat.

B 6   Lebensbaum auf Grabstein. Karlsruhe, Hauptfriedhof

Der Baum der Erkenntnis

,,Und Gott der Herr pflanzte einen Garten in Eden gegen Morgen und setzte den Menschen hinein, den er gemacht hatte. Und Gott der Herr ließ aufwachsen aus der Erde allerlei Bäume, lustig anzusehen und gut zu essen, und den Baum des Lebens mitten im Garten und den Baum der Erkenntnis des Guten und Bösen", berichtet die Bibel (Gen 2, 8 f.). Als Zeichen der Entscheidung steht der Baum der Erkenntnis am Lebensbeginn der Menschheit: ,,Und Gott der Herr gebot dem Menschen und sprach: Du sollst essen von allerlei Bäumen im Garten; aber von dem Baum der Erkenntnis des Guten und Bösen sollst du nicht essen; denn welches Tages du davon ißt, wirst du des Todes sterben" (Gen 2, 16 f.).

Auf Evas Drängen, die, von der Schlange verführt, bereits von der verbotenen Frucht gegessen hat, ißt Adam auch. Weil sie beide Gottes Gebot mißachtet und vom Baum der Erkenntnis gegessen haben, werden sie aus dem Paradies getrieben, damit sie nicht auch noch vom Baum des Lebens essen und ewig leben. Mit dem Flammenschwert bewacht ein Cherub den Baum des Lebens. Indem der Sündenfall am Baum der Erkenntnis spielt, wird aus dem Zeichen der Entscheidung ein Zeichen der Zweideutigkeit. Indem der Mensch seinen Gehorsam gegen Gott bricht, ist auch sein ursprüngliches Verhältnis zur Schöpfung und damit auch zum Baum, dessen Frucht er essen darf, gestört. Verloren ist das Paradies, verloren die Nähe Gottes. Der Mensch tritt in die Welt der Erkenntnis von Gut und Böse. Diese Welt ist wie der Baum für ihn zweideutig geworden. Mit der durch den Sündenfall gewonnenen Erkenntnis begreift er die Polarität von Gut und Böse, Mann und Frau, Tod und Leben, eine Polarität, die er nicht nur erkennen, sondern auch durchleben muß.

Das Motiv von Adam und Eva unter dem Baum der Erkenntnis, um dessen Stamm sich die Schlange ringelt, ist jahrhundertelang in der Kunst vieler Völker immer wieder dargestellt worden. Die frühesten Darstellungen finden wir in den Miniaturen und Initialen der Handschriften sowie an den Wänden der Katakomben. Später erscheinen Darstellungen des Baumes der Erkenntnis als Glaubenszeichen an den Sarkophagen. Auch profane Geräte trugen das Bild des Urelternpaares unter dem Baum der Erkenntnis: Textilien, Lampen, Gläser, Münzen und Metallgefäße. Es wurde sogar üblich, dieses Bild auf Hochzeitsgeschenken zu überreichen, ein Brauch, der bei uns bis in das 19. Jahrhundert beliebt war. Da es in der Bibel heißt, daß Adam und Eva nach dem Sündenfall erkannten, daß sie nackt waren und ihre Blöße mit Schürzen und Feigenblättern bedeckten, wird der Baum der Erkenntnis in der frühchristlichen Kunst meist als Feigenbaum dargestellt. Später setzt sich der Apfelbaum

C 4   Emil Wachter, Baum der Erkenntnis. Stickteppich, 1978. Karlsruhe, St. Hedwig

mehr und mehr durch. Die Bedeutung des Apfels als verbotene Paradies-
frucht, „die Sünde und Abfall umreißt, wurde gestützt durch die Wortgleich-
heit des lateinischen malum = der Apfel und malum = das Böse"[1]. Weil der
Baum der Erkenntnis ein todbringender Baum ist, wird er in der Kunst häufig
als Baum des Todes dargestellt. Er erscheint dann mit einem oder mehreren
Totenköpfen oder mit einem Totengeripppe in der Baumkrone oder gar mit einem Totengeripppe als Stamm, dessen Skelettarme einen Wipfel voller Früchte
tragen.

Eine außergewöhnliche Darstellung des Sündenfalls am Baum der Erkenntnis
findet sich in einem vermutlich elsässischen Psalter aus der ersten Hälfte des
13. Jahrhunderts in der Badischen Landesbibliothek (vgl. Abbildung 1. Umschlagseite). Der Baum der Erkenntnis wird dargestellt als ein Apfelbaum mit
drei Kronen. Die linke Krone mit sechs Äpfeln beschirmt den Kopf Adams und
die rechte mit wiederum sechs Äpfeln den Kopf Evas. Der Baumstamm ist gewunden wie der Schlangenleib. Die gewundene, gepunktete Schlange scheint
sich um den Baum zu winden. Tatsächlich verschwindet sie oben rechts hinter
dem Baum. Was sich aber gepunktet herunterwindet, ist der Teil des Stammes, der die rechte Krone über Evas Kopf trägt. Das aber bedeutet, die Schlange ist eins mit dem Teil des Baumes, der Eva zugeordnet ist. Das scheinbare
Ende des Schlangenleibs verschwindet bzw. kommt aus dem Rachen eines
Drachens, der nach der Apokalypse das Prinzip Satans verkörpert. Der sich
windende Drachenleib hat ebenfalls Schlangengestalt. Die Wurzeln des Baumes werden durch den Drachenleib sowie durch den Bildrahmen verdeckt.
Das Ungewöhnlichste an dem Bilde aber ist, daß nicht Eva Adam den Apfel
reicht, sondern daß Adam sich den Apfel aus dem Maul der Schlange nimmt.
Damit wollte der Künstler bzw. die Künstlerin – der Psalter stammt aus dem
Zisterzienserinnenkloster Lichtenthal Baden-Baden – vielleicht zum Ausdruck bringen, daß nicht die Frau, sondern die Schlange die Verführerin des
Mannes ist, so daß letztlich Adam und Eva die gleiche Schuld trifft[2]. Daß Eva
schon ihren Apfel gegessen hat, können wir an ihrer bedeckten Blöße erkennen. Doch auch für Adam wird der schützende Schurz schon bereitgehalten:
der Teil des Baumstammes, der die linke und die mittlere Krone trägt, mündet
auf der Höhe seines Unterleibs in eine Kralle, die einen Zweig umfaßt mit dem
für seine Blöße bestimmten Blatt. Daß Adam mit dem rechten Fuß auf dem
Drachen steht, könnte bedeuten, daß der Mensch sich mit dem Sündenfall
zwar dem Bösen ausliefert, aber eine Chance behält, es zu besiegen.

ANMERKUNGEN

[1] Gertrud Weinhold, Das Paradies, das Evangelium in den Wohnungen der Völker, Berlin 1979,
S. 34.
[2] Vgl. Gerhard Stamm, Drachen in alten Handschriften, in: Drachen, Ausstellungskatalog, Badische Landesbibliothek u. a., Karlsruhe 1980, S. 111.

Das Baumkreuz

Nirgends ist die Ambivalenz des Baumsymbols so augenfällig wie am Kreuz Christi als dem Todesholz und Lebensbaum zugleich. Hugo Rahner schreibt: ,,Der Paradiesbaum ist nur eine Vordeutung des Kreuzes, und dieses Kreuz ist der Mittelpunkt der Welt und des Heilsdramas der Menschen. Es ragt von Golgatha zum Himmel, den Kosmos zusammenfassend. Und zu seinen Füßen quellen die vier Paradiesesflüsse des Taufmysteriums, durch das die Nachkommen des Adam ein neues Anrecht erlangen auf den ewig grünenden Baum des Lebens''[1].

Es ist unwahrscheinlich, daß Jesus an ein Kreuz geschlagen wurde. Wahrscheinlich war es ein einfacher Pfahl, und das Kreuz in der uns vertrauten Form taucht erstmals im 4. Jahrhundert auf. Für die frühesten Christen war es die Weltbedeutung von Jesu Tod, die dem historischen Ereignis auf dem Kalvarienberg seinen Rang gab, einen Rang, der im Symbol des Kreuzes seinen Ausdruck fand. Und dieses Kreuz mußte seiner Weltbedeutung entsprechend in der Mitte der Welt stehen. Deshalb wurde auch auf mittelalterlichen Karten Jerusalem als Mittelpunkt der Welt eingezeichnet. Jesus wird im Zentrum der Welt geopfert, am Weltenbaum, der sich vom Himmel auf die Erde erstreckt und im Schnittpunkt des horizontalen radialen Kreuzes der vier Himmelsrichtungen steht. Das Kreuz entspricht dem Lebensbaum, der nach der Schrift am Anfang der Zeiten in der Mitte des Gartens Eden, am Ende der Zeiten aber in der himmlischen Stadt Jerusalem steht.

Bereits im 3. Jahrhundert beschwor Hippolytus, Bischof von Rom, in einem Ostergebet dieses Bild vom Weltenbaum: ,,Dieser himmelweite Baum ist von der Erde empor zum Himmel gewachsen. Unsterbliches Gewächs, reckt er sich auf zwischen Himmel und Erde. Er ist der feste Stützpunkt des Alls, der Ruhepunkt aller Dinge, die Grundlage des Weltenrunds, der kosmische Angelpunkt. Er faßt in sich zur Einheit zusammen die ganze Vielgestalt der menschlichen Natur. Von unsichtbaren Nägeln des Geistes ist er zusammengehalten, um sich aus seiner Verbindung mit dem Göttlichen nicht zu lösen. Er rührt an die höchsten Spitzen des Himmels und festigt mit seinen Füßen die Erde, und die weite mittlere Atmosphäre dazwischen umfaßt er mit seinen unermeßlichen Armen''[2].

Im 17. Jahrhundert besingt Calderon de la Barca in seiner *Sibila del Oriente* das Kreuz Christi als Weltenbaum:

> Ein herrlich Holz, ein Holz von Himmelsauen,
> Mit süßer Frucht, zu ihrer Zeit gepflückt,
> Wird Gegengift für jenes erste tauen,

Das Tod gab, während dies mit Leben schmückt.
Und wann den letzten Todeskampf wir schauen,
Der Weltenbaum, den Fugen all' entrückt,
Ruft ein Gericht die Welt und die Gebornen,
Und die Glücksel'gen sind die Auserkor'nen[3].

Der Lebensbaum mitten im Paradies schenkte ewiges Leben, das „lebenspendende Kreuz" die Erlösung, womit es zum neuen Lebensbaum wurde.

Viele Kirchenväter betrachteten den Lebensbaum im Paradies als eine Vordeutung auf das Kreuz Christi. Häufig begegnen wir daher den Vorstellungen
vom Baumkreuz als Lebensbaum. Im 6. Jahrhundert preist Venantius Fortu-
natus, Bischof von Poitiers, das Baumkreuz in den Hymnen *Pange, lingua glo-
riosi corporis mysterium* und *Vexilla regis prodeunt*. Seit dieser Zeit ertönt sein
Karfreitagspreisgesang in der Kirche:

Treues Holz, vor allen Bäumen, einzig du an Ehren reich,
Denn an Zweigen, Früchten, Blüten ist im Wald kein Baum dir
gleich.

Diese Vorstellungen vom Baumkreuz finden auch in der Kunst ihren Niederschlag, allerdings fast nur in der deutschen und der italienischen. Das Kreuz
Christi wird als Baum mit Blättern, Blüten oder Früchten dargestellt. Meist
wird das Baumkreuz als Eiche, Wein- oder Rosenstock abgebildet. Die Eiche
symbolisiert die Lebenskraft, der Weinstock – ein im Orient beliebtes Lebens-
baummotiv – das ewige Leben. Die rote Rose weist in der christlichen Symbolik auf das vergossene Blut und die Wunden Christi und ist in diesem Zusammenhang auch ein Symbol der mystischen Wiedergeburt. Außerdem ist sie
Symbol göttlicher Liebe. Das Rosenstrauchkreuz geht auf Suso (1295–1366)
zurück. Als Weinstock erscheint es z. B. in der Nürnberger Lorenzkirche (um
1420).

Den frühesten Baumkreuzen begegnen wir in der Buchmalerei. Eines der ältesten erhaltenen Baumkreuze ist das des Metzer Evangeliars aus dem 10. Jahrhundert (Paris, Nationalbibliothek). Unsere Abbildung zeigt ein Baumkreuz
aus einem Straßburger Psalterium des 13. Jahrhunderts (Karlsruhe, Badische
Landesbibliothek). Der Baum ist an seinem Fuß gespalten und umklammert
mit seinen beiden Wurzeln den besiegten Drachen, das Symbol des Bösen.
Der Gekreuzigte hängt genau in der Bildmitte am Stamm, der sich unten und
oben in je zwei Ranken verzweigt, die ihrerseits Medaillons bilden. Darin
knien weibliche Gestalten, die die Tugenden Gehorsam, Geduld, Demut und
Liebe (caritas) symbolisieren. Sie sind es, die Jesus ans Kreuz schlagen bzw.
sein Herz durchbohren. Daneben finden wir vier weitere Figuren, die auf den
unteren Ranken stehen: links Maria und Ecclesia, die das Blut Jesu in einem
Kelch auffängt, rechts Johannes und Synagoge mit verbundenen Augen und

D 1   Baumkreuz. Scherenberg-Psalter, Straßburg um 1260

abgewandtem Kopf; ihre Krone stürzt – dicht am Bildrand – zu Boden. Über Jesus nistet – ebenfalls von zwei Ranken umschlossen – ein Pelikan, der sich die Brust aufhackt, um seine Brut zu tränken: ein Sinnbild für den Opfertod Christi. Darüber finden wir – über den oberen Bildrand hinausgreifend – das weit geöffnete Himmelstor. So ist das Baumkreuz Zeichen der Überwindung des Todes und damit Zeichen des Lebens, was durch das Grün von Stamm und Ranken noch unterstrichen wird[4].

Eine allegorische Darstellung zum *Lignum Vitae* des Bonaventura (1221–1274) schuf Anfang des 14. Jahrhunderts der Maler Pacino di Bonaguida. In Anlehnung an die Apokalypse des Johannes schildert Bonaventura im Kreuz den Lebensbaum und in Christus die lebenspendende Frucht, indem er an je vier Blättern der zwölf Äste des Baumes Betrachtungen aufhängt, die von der Geburt und dem Leben Jesu über seine Passion bis zur Auferstehung reichen. Pacino di Bonaguida setzt diese Stationen in Medaillons, die als Früchte an den zwölf Ästen des Baumes hängen. Der Kreuzesbaum steht auf der Adamshöhle und trägt an seinem oberen Ende ebenfalls den Pelikan, der den Opfertod Christi symbolisiert.

Im 15. Jahrhundert zählt das Baumkreuz zu den beliebtesten Lebensbaumformen. Im 17. Jahrhundert greifen es die Jansenisten wieder auf. Im 20. Jahrhundert gestalten es Ernst Barlach in der Elisabethenkirche in Marburg an der Lahn und Emil Wachter in der Autobahnkirche in Baden-Baden.

Doch nicht nur das Baum-, sondern auch das Astkreuz symbolisiert den Lebensbaum. Wie das Baum- weicht auch das Astkreuz von der traditionellen, glatt behauenen lateinischen Kreuzform ab. Stamm und Arme sind bei dem Astkreuz als Äste gebildet oder mit Aststümpfen besetzt. Wir unterscheiden vier Formen: das lateinische Kreuz mit Aststümpfen, das Gabelkreuz mit Aststümpfen, das Astkreuz mit kurvig gebogenen Armen und das Astkreuz mit doppelt geschwungenen Armen. Das Astkreuz ist weiter verbreitet als das Baumkreuz. Wir begegnen ihm in Skandinavien, England, Deutschland, den Niederlanden, Frankreich, Spanien und Italien. Gegen 1300 entstand z. B. das Gabelkreuz im Tympanon des Westportals des Freiburger Münsters. Ein bekanntes Gabelkreuz finden wir in St. Severin in Köln. Auch in der Bretagne symbolisieren Calvaires mit Aststümpfen das Kreuz als Lebensbaum.

Mit dem Kreuz Christi wurde jedoch nicht nur der Lebens-, sondern auch der Erkenntnisbaum in Beziehung gebracht. Im 12. Jahrhundert entstanden zahlreiche Legenden, nach denen das Kreuz Christi vom Baum der Erkenntnis stammt. Und durch den Opfertod Christi verwandelte sich das tote Holz in den grünenden Baum des ewigen Lebens. Diese Beziehung zum Baum der Erkenntnis zeigt besonders deutlich das Fresko des Giovanni da Modena in S. Petronio in Bologna: Hier hängt Christus in den grünen Zweigen des Baumes

D 5   Pacino di Bonaguida, Baumkreuz, frühes 14. Jh. Florenz, Akademie

27

der Erkenntnis, um dessen Stamm sich die Schlange ringelt. Neben dem Baum vollzieht sich der Sündenfall. Und rechts und links stehen Patriarchen des Alten und Heilige des Neuen Bundes.

ANMERKUNGEN

[1] Zitiert nach Manfred Lurker, Symbol, Mythos und Legende in der Kunst, Baden-Baden 1974, 2. Aufl., S. 44.

[2] Hugo Rahner, Griechische Mythen in christlicher Deutung, Darmstadt 1957, 2. Aufl., S. 99; dort auch Übersetzung.

[3] Calderon de la Barca, La Sibila del Oriente, El arbor del mejor fruto. Zitiert nach: Der Lebensbaum. Ein Ursymbol aus Mythos und Tiefenpsychologie, hrsg. von Walter Kettler, München 1976, S. 1.

[4] Die Darstellung folgt der Interpretation Felix Heinzers, Wurzel Jesse und Kreuzesbaum. Zwei Miniaturen aus dem Straßburger Psalterium des 13. Jahrhunderts. Handschrift St. Peter perg. 139 der Badischen Landesbibliothek, Karlsruhe 1983.

Der philosophische Baum der Alchemisten

Ein interessantes Phänomen ist der philosophische Baum der Alchemisten. Er stellt den philosophischen Prozeß dar und ist vor allem ein Symbol der Wandlung.
Die Alchemisten wollten die Stoffwelt veredeln. Das Verwandeln unedler Metalle in Gold war für sie zugleich ein Prozeß der Läuterung und der Heilung der Erde.

E 2   Philosophischer Baum mit Planeten. Basil Valentin, Vier Tractätlein, Frankfurt/M. 1625

Oft werden die zwölf alchemistischen Operationen, die verschiedenen alchemistischen Wandlungsphasen, als „arbor philosophica" dargestellt. Manche Abbildungen zeigen auch den Planetenbaum, der als Baum der Weisheit gedacht ist. Vorbild war der Baum der Erkenntnis. Nur trägt hier der Baum statt der Früchte Sonne, Mond und die Planeten. Und statt Adam und Eva stehen der Magister und sein Scholar darunter. Mit seinen Gestirnen erinnert der Planetenbaum auch an den Weltenbaum. Ein Holzschnitt aus dem Buch *Occulta Philosophia von den verborgenen Philosophischen Geheimnussen . . .* (Frankfurt am Main 1613) zeigt einen Planetenbaum, in dessen Krone und über dessen Stamm zwei Dreiecke zu sehen sind. Das Dreieck in der Krone stellt das Universum dar. Das umgekehrte Dreieck über dem Stamm, auf das die beiden Adepten, Magister und Scholar, weisen, symbolisiert den Menschen. Sein dreifaches Wesen veranschaulichen die drei Stoffe Salz (Körper), Quecksilber (Geist) und Schwefel (Seele). So ist der Mensch durch den Baum mit dem All verbunden. Und so mag er letztlich auch durch den Baum der Weisheit selbst zur Erkenntnis gelangen. Hier wird sichtbar, daß die Alchemie mehr war als bloße Scharlatanerie, die aus unedlen Metallen Gold zu machen suchte. Vielmehr war es ein höchst differenziertes, auch heute noch nicht voll erschlossenes Denksystem mit vielfältigen Bezügen und einem okkulten Hintergrund, in dem Spekulation und Glauben, altorientalische Mystik und gnostisches Gedankengut sich vermischen. Das eigentliche Ziel war Läuterung und Reinigung, das „aurum philosophicum". Für den echten Adepten (Eingeweihten, Wissenden) war daher die Kunst, aus unedlen Metallen Gold zu erzeugen, nur ein Nebenziel; das Hauptziel war die eigene Läuterung, die als mühsamer Aufstieg verstanden wurde.

Eine interessante Darstellung eines alchemistischen Baumes (vgl. Seite 116) finden wir auch in Samuel Nortons *Mercurius redivivus* (Nürnberg 1667). Hier wird der Verwandlungs- und Läuterungsprozeß als zwei-, drei- und vierfache Vereinigung von Gegensätzen dargestellt, denn nur diese, die *coincidentia oppositorum,* führte zur Läuterung:

zweifach innerhalb des Dreiecks: Himmel, Sonne, männliches Prinzip oben – Erde, Mond, weibliches Prinzip unten;

dreifach rund um das Dreieck: Geist, Seele und Körper; dreifach aber auch auf den Kreisbögen: Wasser, Jupiter, weiß – Erde, Mars, schwarz – Feuer, Venus, rot;

vierfach schließlich innerhalb des Quadrats, nämlich die vier Elemente Luft, Wasser, Erde, Feuer.

Im Zentrum des Baumes und der geometrischen Figuren steht der „homo philosophicus" als Hermes/Merkur. Er ist Herr der hermetischen/merkurischen Künste und Sinnbild der Verwandlung und Läuterung durch Widerstreit und

E 3 Philosophischer Baum mit Planeten. Titel-Holzschnitt. Occulta Philosophia von
den verborgenen Geheimnussen der heimlichen Goldblumen, Frankfurt/M. 1613

Vereinigung der Gegensätze. Der Baum hat ein vielfältiges, konkret-realisti-
sches Wurzelwerk, im Unterschied zum abstrakt-schematisierten Baumstamm und dem fast völlig fehlenden Wipfel. Dieses Wurzelwerk stellt wohl
die Elemente dar; die Kröte, die darunter hockt, galt als Symbol der galatinö-
sen, „giftigen" Materie vor der Verfestigung: dies war die ungeistige Ursub-
stanz, von der der Verwandlungsprozeß ausging, der in Stufen zur Reinheit
führte. Der Stamm trägt eine Fürstenkrone, die hier das Symbol von Vollkom-
menheit ist.

Der heilige Baum

Die Religionen und Kulturen vieler Völker kennen den heiligen Baum. Die archaischen Menschen sahen in ihm „eine Macht oder Kraft, die sowohl dem Baum als solchem wie seinen Beziehungen zum Kosmos zukam"[1]. Die ältesten „heiligen Orte" bilden oft einen Mikrokosmos aus Baum, Wasser und Stein. Der Baum symbolisiert „mit seiner periodischen Regeneration die heilige Macht im Bereich des Lebendigen", das Wasser „die Keime, die geheimen Kräfte, die Reinigung"[2] und der Stein die Realität in ihrer Unzerstörbarkeit. Dieser Mikrokosmos, diese Klein-Landschaft spiegelt die große kosmische Landschaft wider. Sie ist ein Abbild des Ganzen. Später reduziert sich diese mikrokosmische Landschaft auf einen heiligen Baum oder einen heiligen Pfeiler.

Bereits das Gilgamesch-Epos, die älteste Dichtung der Menschheit, kennt einen heiligen Baum, die mächtige Zeder, die inmitten eines Zedernforstes auf einem Berg steht und von Chumbaba, einem Drachen, bewacht wird. Gilgamesch, voller Freude, Enkidu, den Nebenbuhler, zum Freunde gewonnen zu haben, zieht mit ihm in die Welt, um Heldentaten zu vollbringen. Als erstes dringen sie – nach einem langen, beschwerlichen Weg – in den Zedernforst ein. Enkidu fällt die Zeder, während Gilgamesch den Drachen tötet. Gilgamesch geht straffrei aus, Enkidu aber muß seinen Baumfrevel auf Befehl des Göttervaters Anu mit dem Leben bezahlen und stirbt nach einem zwölftägigen Siechtum.

Meist wird der heilige Baum mit einer Gottheit in Verbindung gebracht. In Indien ist der Feigenbaum das heiligste buddhistische Symbol. Buddha wurde unter einem Feigenbaum geboren und erhielt unter einem Feigenbaum seine Erleuchtung. Ein Ableger des Baumes, unter dem Buddha erleuchtet wurde, ist das Nationalheiligtum Ceylons.

In Griechenland wurde fast jedem Gott ein Baum zugeordnet. In der Orakeleiche von Dodona offenbarte sich Zeus. Hier verkündete eine Priesterin aus dem Rauschen der Blätter und später auch aus einer Quelle zu ihren Füßen die Zukunft. Hera gehörte der Granatapfelbaum. Der Granatapfel mit seinem blutroten Fleisch und seinen zahlreichen Samenkernen galt als Symbol ehelicher Liebe und Fruchtbarkeit. Auf Kreta feierte man die Vermählung von Zeus und Hera jährlich unter einer immergrünen Platane. Mit dem Lichtgott Apollo wurde der Lorbeer verbunden. Seiner Schwester Artemis, der Göttin der Wälder, ordnete man vor allem den Nußbaum, aber auch die Myrte, die Zeder und die Weide zu. Herakles erschien im wilden Ölbaum von Olympia. Dem Kult des Dionysos waren nicht nur der Efeu und der Weinstock, sondern auch die

F 1   Bodhi-Baum. Steinrelief aus dem Stupazaun in Bharhut. Indien, 1. Jh. v. Chr.

Pinie zugeordnet. Daher ist Dionysos in der griechischen Kunst oft mit dem Thyrsosstab, auf dem ein Pinienzapfen steckt, abgebildet.

Man weihte die Bäume, indem man sie mit Wasser aus der nahe gelegenen Quelle besprengte, mit Öl salbte, den Stamm und die Zweige mit Kränzen, geweihten Binden, Erstlingen der Waffenbeute und des Jagdertrages behängte und ihren Namen gab. Wem die Bäume geweiht waren, konnte man kleinen Inschriftentafeln oder entsprechenden Einritzungen in den Stamm entnehmen. Als Weihgeschenke hängte man die unterschiedlichsten Opfergaben auf. Athenes Geburtstag feierte man, indem man den Ölbaum der Akropolis bekränzte, ihn mit roten und weißen Binden behängte und mit einem Ölzweig zierte, an dem die Erstlinge der Ernte hingen. An den delischen Ölbaum der Arge hängten die Bräute vor ihrer Hochzeit eine Locke. Es gab Bäume, die nur mit Waffen behängt waren. Der Pinie der Kybele weihte man Zymbeln, Flöten und den Hirtenstab. Doch auch Gewänder, Schmuck, Bildwerke, Götter- und Menschenbilder, die Zehnten der Jagd, des Fischfangs und der Waffenbeute, Preisgewinne von Wettkämpfen, Handwerksgeräte und Spielzeug hängte man an den Stamm und in die Zweige des Baumes.

Oft vollzog man unter dem Baum auch blutige Tier- und Menschenopfer. Auch in dem bekannten Relief, auf dem Orest als Opfer zum Bild der Artemis geführt wird, sind an dem Baume neben dem Bild der Göttin Menschen- und Tierköpfe als Opfergaben aufgehängt. Anstelle von Menschen weihte man auch brennende Lichter. Das Anzünden von Lichtern unter dem Baume war aber nicht nur ein Ersatz für Opfergaben, sondern gehörte überhaupt zum Ritus der Baumverehrung.

In manchen Fällen ging die Verehrung des Baumes sogar so weit, daß man diesen als Gott verkleidete. An den Stamm unter den Zweigen hängte man die Maske des Gottes. Mit bunten Gewändern, besonderen, den Gott charakterisierenden Requisiten, heiligen Binden und Kränzen, vollendete man die gottähnliche Baumgestalt. Die Korinther mußten z. B. nach dem delphischen Orakel eine bestimmte Pinie verehren, die dem Gott gleich war. Sie fertigten daher aus der Pinie zwei Abbilder an. Die Gesichter machten sie rot, und die Körper vergoldeten sie. Da die Zahl der Weihgaben, die sich nach und nach um den heiligen Baum ansammelten, immer größer wurde, mußten schließlich Schatzhäuser an dem Weiheort errichtet werden.

Der Baumkult im kretisch-mykenischen Bereich war ein häufiges Motiv für Malerei und Kunstgewerbe. Nach diesen Darstellungen wurde der heilige Baum auch ekstatisch-orgiastisch umtanzt sowie als Träger göttlicher Kräfte berührt und geschüttelt.

Manche Bäume waren nicht nur Heiligtum eines Gottes, sondern auch Schicksalsbäume. Einen Lebens- und Schicksalsbaum hatte letztlich jeder Staat, jeder Volksstamm, jedes Geschlecht und jede Familie. Er wurde mit entsprechender religiöser Aufmerksamkeit gepflegt. Berühmte Bäume der Antike waren z. B. der Lorbeer der Julier und der Schicksalsbaum der Flavier.

Wie man sich den heiligen Hain als Sitz und Wohnort eines Gottes vorstellte, so glaubte man, daß jeder einzelne Baum dieses heiligen Orts von einem der Gottheit untergeordneten Dämon oder einer Baumseele bewohnt sei, deren Leben an das Leben des Baumes gebunden sei. Daher durften diese Bäume nicht gefällt werden. Wenn jemand geweihte Bäume fällte, wurde er mit Exil oder Tod bestraft.

Aus den heiligen Bäumen und Hainen entwickelte sich später die kultische Architektur. Aus Baumstämmen wurden Säulen. Aus dem heiligen Hain, der Opferstätte der Antike, wurde der von Säulen getragene Tempel. Doch gehör-

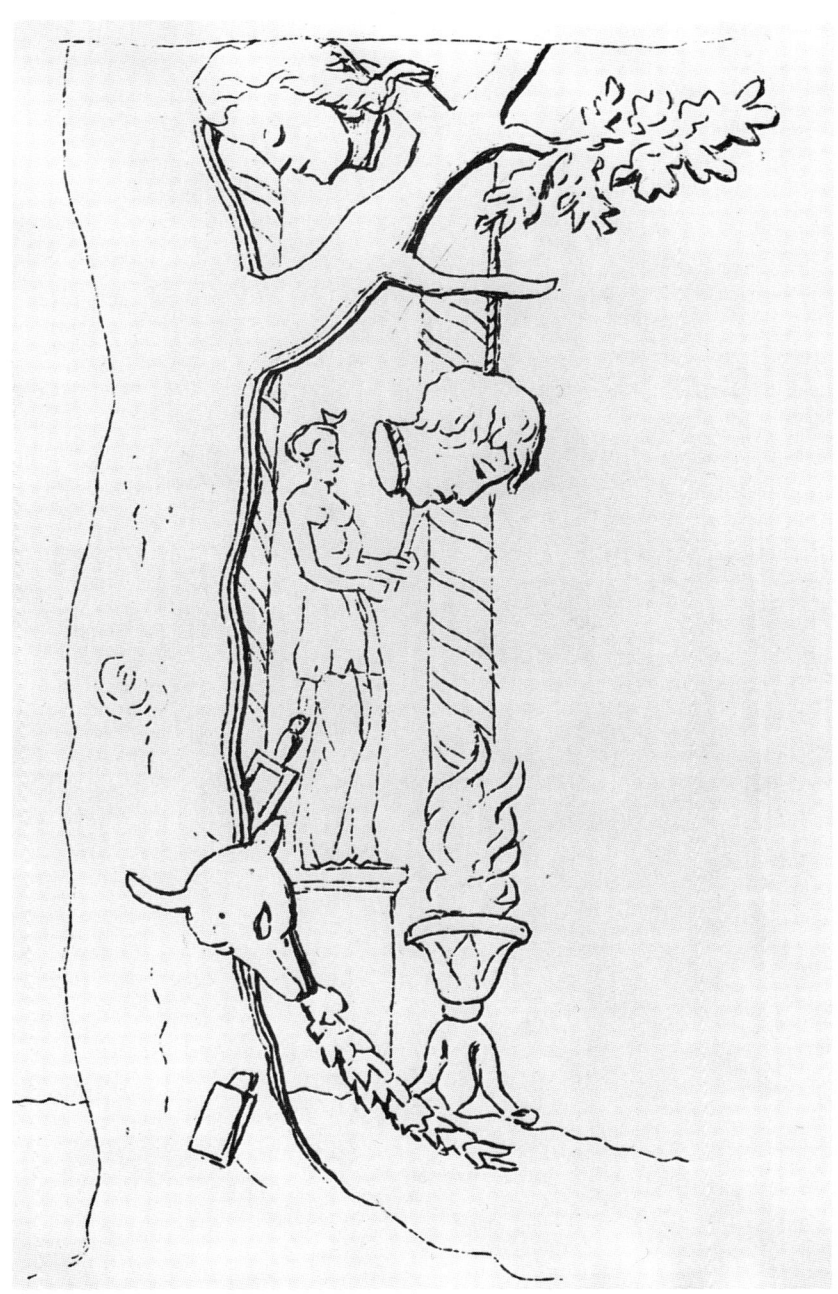

F 2   Opferbaum der Diana auf Tauris

te auch weiterhin zu jedem Tempel ein Gottesbaum, wie z. B. die Buche in Dodona, der Ölbaum in Athen, die Palme auf Delos, die Weide auf Samos und der Lorbeer in Daphne.

Aus den von Säulen getragenen Tempeln der Antike entwickelten sich die gotischen Dome mit ihren Pfeilern und Gewölberippen.

Im Zeichen des Baumes ereignen sich auch viele Theophanien der Bibel.

Abraham erscheint in der neuen Heimat in Sichem der Herr unter einem Maulbeerbaum, wo er ihm danach einen Altar errichtet (Gen 16, 6–8). Und unter einer Terebinthe (Eiche) prophezeien ihm dann die Engel Gottes, daß er Stammvater eines großen Volkes werden wird (Gen 18, 1 ff.). Ebenfalls unter einer Eiche, der Eiche von Ophra, beruft der Engel Gottes Gideon zum Retter Israels, woraufhin auch Gideon unter dem Baum einen Altar errichtet (Ri 6, 11 f.). Moses erscheint Gott im brennenden Busch (Ex 3, 2). Nach dem Auszug aus Ägypten legt Moses auf Gottes Gebot Aarons Stab mit den elf Stäben der anderen Stämme Israels in die Hütte des Zeugnisses, und am nächsten Tag findet er Aarons Stab als blühenden und Früchte tragenden Mandelzweig wieder. Dies war ein Zeichen Gottes, daß der Stamm Levi, dem Aaron angehörte, das Priestertum zum Amt haben sollte.

Die den Blitz anziehende Eiche war nicht nur Griechen, sondern auch Römern, Kelten und Germanen heilig.

Den Kelten war nicht nur die Eiche, sondern auch die auf ihnen wachsende Mistel ein besonderes Heiligtum. Einmal jährlich, im 6. Mond des Jahres, stiegen die Druiden, die geistigen Führer der Kelten, in weißen Gewändern auf die Eichen und schnitten mit goldenen Sicheln die Misteln. Man fertigte aus ihnen Amulette an. Diese sollten während des ganzen Jahres vor Krankheit und Dämonen schützen. Wenn heute noch, vor allem in England und Amerika, aber auch bei uns Mistelzweige als Weihnachtsschmuck verwendet werden, geht dieser Brauch auf die einstigen Eichenmistel-Mysterien zurück.

Bekannt ist die den Germanen heilige Donar-Eiche bei Geismar. Hier unterhielten die Priester Feuer zu Ehren Donars, hier brachten sie die Opfertiere dar, hier beteten und sangen sie und segneten die Waffen mit dem heiligen Hammer. In einer großen Öffnung des Stammes war Donars Standbild untergebracht. Nur die Priester durften diese Baumhöhlung betreten. Als Bonifatius 724 den mächtigen Baum fällte, ohne von Donars rächendem Blitz getroffen zu werden, konnte er den Sieg des Christentums verkünden und die Missionierung vorantreiben. Ein Baumheiligtum nach dem anderen fiel. Die Germanen wurden gezwungen, das Christentum anzunehmen. Gleichwohl mögen viele diesen Baumfrevel nicht verziehen haben; 754 wurde Bonifatius von den Friesen erschlagen.

Karl der Große vollendete die Christianisierung der Germanen, indem er die

F 5 Moses vor dem brennenden Dornbusch. Wenzelsbibel, Prag 1390–1400.
Wien, Österreichische Nationalbibliothek

Sachsen unterwarf. Um ihnen den Rückfall ins Heidentum zu verwehren, erließ er um 780 drakonische Bestimmungen, nach denen auch der germanische Baumkult geahndet wurde: „Wenn einer an Quellen oder Bäumen oder in Hainen ein Gelübde tut oder etwas nach heidnischem Brauch darbringt und zu Ehren der bösen Geister speist, so muß er, wenn er ein Adliger ist, 60 Schillinge entrichten, wenn ein Freigeborener, 30, wenn ein Lite, 15"[3]. Die Ehrfurcht, die man den alten Eichen entgegenbrachte, lebte dennoch weiter. Noch im 11. Jahrhundert hielten es die Bauern für einen Frevel, in einem Wald Bäume zu fällen, unter denen einst Priester der Germanen geweissagt hatten. Dort, wo nach der Christianisierung die Eiche als ein Baum, mit deren Laub die Hexen das Wetter beeinflussen, nicht verteufelt wurde, lebte sie als heiliger Baum weiter, wie z. B. die Verehrung zahlreicher, der Maria geweihter Wallfahrtseichen bezeugt. Auch heute noch ist in katholischen Gegenden das Anheften von Kruzifixen und Votivbildern an Bäume gebräuchlich. „Es geht auf die Verehrung des Baumes selbst zurück, die eine Visitation des Bischofs von Brixen 1658 in Valles verbot. Und auf Gannwall oder dem Lüsner stand noch um 1800 eine Wettertanne, in die das Volk Weihgaben mit der Bitte um Gesundheit hing, Abbilder von menschlichen Gliedmaßen und Haustieren. Eine Statue Jakobus des Älteren an dem Baum sollte diesen vorchristlichen Glauben verchristlichen"[4]. Auch in vielen Volksliedern, die die Schönheit des Baumes besingen, lebt die Ehrfurcht vor dem Baum fort.

ANMERKUNGEN

[1] Aloys Bernatzky, Baum und Mensch, Frankfurt/M. 1973, S. 25.
[2] Ebd. S. 26.
[3] Aus dem sächsischen Kapitular. Zitiert nach: Geschichtliche Quellenhefte, Heft 3: Das Mittelalter. Vom Frankenreich zu den Hohenstaufen, Frankfurt/M. 1962, S. 6.
[4] Karl Vornhausen, Volksglaube, in: Handbuch der deutschen Volkskunde, hrsg. von Wilhelm Peßler, Potsdam 1934–1935, Bd. 1, S. 217.

Der Stammbaum

Der Stamm des Baumes symbolisiert das in mütterlicher Erde Verwurzelte und das Phallisch-Männliche. Dieser Charakter des Baumes zeigt sich deutlich in unserem Sprachgebrauch. Wir sprechen von „Abstammung", „Stammbaum", „Stammbuch" und „Stammhalter"; wir sagen „Der Apfel fällt nicht weit vom Stamm".
Die Urform des Stammbaumes ist der Jesse-Baum, der Stammbaum Christi, auch Wurzel Jesse genannt. Dieser ist in engem Zusammenhang mit dem Kreuzesbaum zu sehen; auch der in Christus gipfelnde Jesse-Baum kann als Lebensbaum interpretiert werden. Nach dem Geschlechtsregister des Matthäus-Evangeliums (1,6) begann mit Jesse, dem Vater König Davids, der Stammbaum Christi. Darstellungen des Jesse-Baumes, die ihn meist zeigen, wie er aus der Gestalt des schlafenden Jesse wächst, gründen sich auf die Messias-Ankündigung des Propheten Jesaja: „Und es wird eine Rute aufgehen

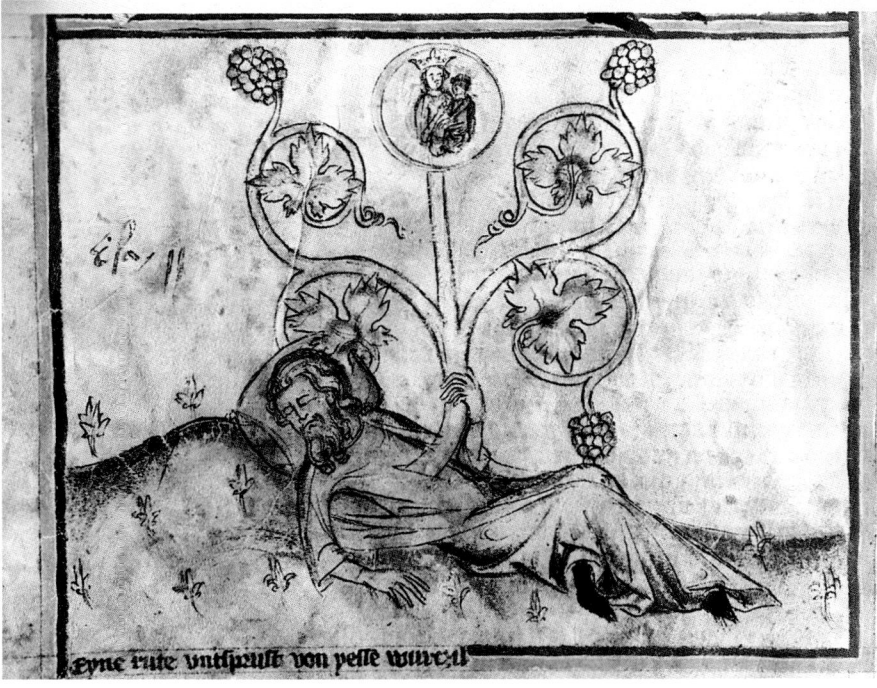

G 2   Wurzel Jesse. Heilsspiegel, 2. Hälfte 14. Jh.
Karlsruhe, Badische Landesbibliothek

39

von dem Stamm Isais (Jesse) und ein Zweig aus seiner Wurzel Frucht bringen. Auf welchem wird ruhen der Geist des Herrn'' (11, 1). In den Ästen des Jesse-Baumes erscheinen die wichtigsten königlichen Vorfahren Christi. Oft werden diese auch als Halbfiguren in Medaillons wiedergegeben. Den Abschluß des Baumes bildete das Bild Christi. Seit dem 13. Jahrhundert setzte sich mit dem Aufkommen des Marienkults mehr und mehr Maria mit dem Kind als Abschlußbild durch. Häufig umschweben es sieben Tauben, die die sieben Gaben des Heiligen Geistes symbolisieren. In diese Tradition gehört die Darstellung aus dem sogenannten Scherenberg-Psalter (Straßburg um 1260; heute Badische Landesbibliothek Karlsruhe): Aus dem schlafenden Jesse wächst der grüne Baum hervor, dessen vier Ranken sich zu Kreisen formen, in denen Jesaja und Jeremias (unten), König David und König Salomon (oben) thronen, während Maria mit dem Jesuskind die Mitte einnimmt. Die unteren und die äußeren Ranken münden in stilisierten roten Blüten, die oberen, Maria und dem Kind zugeneigten, tragen die sieben Tauben.

Das älteste bekannte Beispiel eines Jesse-Baumes finden wir in der Buchmalerei des 11. Jahrhunderts, im Prager Evangeliar des Vyšerad. Seit dem 12. Jahrhundert ist er ein beliebtes Motiv der Glasmalerei. Besonders eindrucksvoll erscheint er in einem Glasfenster der Westfassade der Kathedrale in Chartres (um 1160). In einem riesigen Deckengemälde wird er in St. Michael in Hildesheim dargestellt.

In der Plastik finden wir ihn vorwiegend in den Architraven gotischer Portale, im Spätmittelalter auch im Tympanon (z. B. Rouen, St. Godard) und in Schnitzaltären. Zu den schönsten spätgotischen Beispielen zählt der Schnitzaltar der sieben Schmerzen Mariä von Heinrich Douvermann in St. Nikolaus in Kalkar (1521). Seit Ende des 16. Jahrhunderts wird das Motiv nur noch selten dargestellt. Doch auch heute noch wird der Jesse-Baum in dem bekannten Weihnachtslied besungen:

> Es ist ein Ros' entsprungen
> aus einer Wurzel zart,
> wie es die Alten sungen:
> Von Jesse kam die Art.

Dieses Lied von der Herkunft Christi stammt aus dem 16. Jahrhundert.

Ende des 12. Jahrhunderts entwickelte sich der Brauch, die ,,Abstammung'' eines Menschen – zunächst nur die eines Adligen – ebenfalls in Form eines Stammbaumes darzustellen. Diese Stammbäume unterscheiden sich jedoch in ihrer Anlage wesentlich vom Jesse-Baum und sind insofern Kuriosa, als sie die Entwicklung einer Dynastie auf den Kopf stellen. Im Stamm nämlich erscheinen nun Namen oder Bild des lebenden Namensträgers; dieser Stamm

G 1   Wurzel Jesse. Scherenberg-Psalter, Straßburg um 1260.
Karlsruhe, Badische Landesbibliothek

41

gabelt sich in zwei Äste für die Eltern, weiter in zweimal zwei Äste für deren Eltern und so fort. Es mag sein, daß diese Umkehrung den Künstlern nicht bewußt war; jedenfalls ist der Sprachgebrauch korrekter, wie das Wort „abstammen" belegt, das in dieser Verwendung schon auf althochdeutsche Zeit zurückgeht, während sich der (Familien-)Stammbaum nicht vor Ende des 12., das Wort sogar nicht vor Ende des 17. Jahrhunderts nachweisen läßt.

Als älteste Darstellung dieser Art gilt der um 1170 entstandene Stammbaum der Welfen (heute Landesbibliothek Fulda). Ihm folgten zahlreiche Stammbäume adliger, später auch bürgerlicher Geschlechter. Ihre weiteste Verbreitung erreichte die Stammbaum-Darstellung im 16./17. Jahrhundert.

Im 17. und 18. Jahrhundert mußten junge Damen oder Herren, die in ein Domkapitel, ein Adelsstift oder einen geistlichen Ritterorden aufgenommen werden wollten, eine sogenannte Aufschwörung vorweisen, einen Stammbaum, der ihre adlige Abkunft über vier Generationen belegte.

Außer den Familien- gab es noch andere Stammbäume. So zeigte man zum Beispiel die Philosophie mit ihren Disziplinen als Baum. Auch die Darstellung der Ständeordnung in Form eines Baumes („Ständebaum") soll hier nicht unerwähnt bleiben, und schließlich erscheint im 19. Jahrhundert noch Darwins Abstammung der Arten in Form des Stammbaumes.

G 7   Eiche als Stammbaum. Aufschwörung des Ferdinand Schilder von Dreckenburg,
um 1661/62. Karlsruhe, Generallandesarchiv

Baum-Metamorphosen

Der Baumstamm ist ein Phallus-Symbol, der Baum selbst jedoch gilt als eines der stärksten Symbole des Weiblichen und der immer wiederkehrenden Fruchtbarkeit. Nach den Mythen vieler Natur- und Kulturvölker stammen die Menschen von Bäumen ab.

Auch die Edda läßt die ersten Menschen aus Bäumen entstehen, den Mann aus einer Esche und die Frau aus einer Ulme. Hesiod berichtet in *Werke und Tage,* wie Zeus das dritte, das eherne Menschengeschlecht, aus Eschenspeeren schuf. Eine ähnliche Schöpfungslegende kennt der nordamerikanische Indianerstamm der Algonkin. Dieser Stamm glaubte, schreibt Anthony S. Mercatante, ,,daß der Schöpfer-Gott einen Pfeil in eine Esche schoß, worauf aus ihr die ersten Menschen entstanden. Dieser indianische Mythos ist ein Musterbeispiel für die Auffassung C. G. Jungs, nach der sich im Speer-Phallus und im Baum-Schoß das männliche mit dem weiblichen Prinzip vereint, so daß der Baum zum Sinnbild der Fortpflanzung wird"[1]. Nach der Überlieferung der Sioux hafteten zwei Bäume mit ihren Wurzeln in der Erde, bis eine Schlange diese durchbiß und sie als erstes Menschenpaar fortgehen konnten. In der mixtekischen Kultur des alten Mexico entsteht das erste Menschenpaar aus einem gespaltenen Baumstamm. Ein Baum mit acht Ästen ist bei den Jakuten Ursprungsort des ersten Menschen. Diesen ernährt eine Frau, welche bis zur Hälfte des Körpers aus dem Stamm austritt. Die Mutterbedeutung des Baumes wird an diesem Beispiel besonders deutlich. Auch bei Volksstämmen in Zentralasien, Japan, Korea und Australien u. a. erscheint der Baum als mythischer Ahne des Menschen.

Nach altem deutschen Volksglauben holt man die kleinen Kinder aus Bäumen. Auf mittelalterlichen Bildern sehen wir oft Kinderköpfe wie Blüten aus Bäumen sprießen. Bei Hans Sachs wachsen im Schlaraffenland die Bauern auf den Bäumen. Und der Geschichtsschreiber Johannes Aventinus (1477–1534) leitet sogar den Namen der Germanen von lat. germinare = auswachsen, keimen, sprossen ab, weil die Deutschen auf den Bäumen gewachsen sein sollen[2]. Die Redensarten ,,In Sachsen, wo die schönen Mädchen auf den Bäumen wachsen" und ,,Er ist aus gutem Holz geschnitzt" erinnern noch heute an diese Vorstellungen. Bekannt im griechischen Mythos ist die Geburt des schönen Adonis aus einem Myrrhenbaum. In altägyptischen Märchen schenkt der Baum Bata die Wiedergeburt. Zahlreichen Baum-Metamorphosen begegnen wir in griechischen Mythen. Hier werden Menschen nicht nur zum Schutz und zur Belohnung, sondern auch zur Strafe in Bäume verwandelt, was das ambivalente Verhältnis des Menschen zum Baum widerspiegelt.

H 1   Myrrha hat Adonis zur Welt gebracht

Weil Myrrha sich verkleidet und ihren Vater zum Beischlaf verführt hatte, verwandelten sie die Götter zur Strafe in einen Myrrhenbaum. Weil der Hirt Appulus die Waldgöttinnen verhöhnt und beleidigt hatte, verwünschten sie ihn in einen wilden Ölbaum mit bitteren Früchten und Blättern. Die Bacchantinnen, die Orpheus ermordet haben, werden von Bacchus zur Strafe in Bäume verwandelt. Dryope pflückt von einem Lotosbaum eine Blüte für ihr Kind, nicht ahnend, daß der Lotosbaum eine verwandelte Nymphe ist. Diese hat sich selbst in einen Baum verwandelt, um so den Nachstellungen eines unerwünschten Liebhabers zu entgehen. Die arme Dryope wird nun trotz ihrer Unschuldsbeteuerungen ebenfalls in einen Lotosbaum verwandelt. Ihr Baumfrevel wird bestraft durch eine Baum-Metamorphose. Daphne verwandelte sich in einen Lorbeerbaum und entging so Apollos Nachstellungen, ein Motiv, das zahlreiche Künstler inspirierte, z. B. Luini und Poussin zu Gemälden, Bernini zu einer Plastik, Heinrich Schütz und Richard Strauß zu Opern, Händel zu einer Kantate. Bei Ovid heißt es:

> Doch der Verfolger ist schneller, von Amors Flügeln getragen.
> Er braucht keinerlei Ruhe; so ist er dem flüchtigen Mädchen hart auf den Fersen, sie spürt im Nacken den Atem des Gottes.
> Jetzt versagt ihr die Kraft; sie erbleicht, von der Mühe der schnellen Flucht überwunden: ,,Ach, öffne dich mir, o Erde!" so ruft sie, ,,Oder vernichte die allzu begehrte Gestalt durch Verwandlung!"
> Kaum hat sie solches gebetet, da fällt eine schwere Erlahmung ihr auf die Glieder, die schwellende Brust überzieht sich mit feiner Rinde; es wachsen die Haare zu Blättern, zu Zweigen die Arme; Auch die Füße, soeben so rasch noch, sie hangen in trägen Wurzeln, das Haupt wird Wipfel: was bleibt, ist die glänzende Schönheit[3].
> (V. 540–552).

Die Nymphe Pitys flüchtete sich in die Gestalt einer Kiefer, um dem lüsternen Pan zu entgehen. Den Knaben Cyparissos, der sich aus Kummer das Leben nehmen wollte, weil er versehentlich seinen geliebten Hirsch getötet hatte, ließ Apoll in einer Zypresse weiterleben. Auch die Heliaden wurden aus Güte und Barmherzigkeit der Götter zu Bäumen. Nach Phaëtons tödlichem Sturz mit dem Sonnenwagen wachten die liebenden Schwestern Tag und Nacht an seinem Grab. Treu hielten sie monatelang dort stand, bis sie sich in immer lispelnde Pappeln verwandelten.

Philemon und Baucis wünschten sich von den Göttern, denen sie Gastfreundschaft gewährt hatten, den gleichzeitigen Tod. Zur Belohnung durften sie gleichzeitig sterben und in einer Eiche und einer Linde, die sich ineinander verflochten, fortleben.

Bei den Maoris in Neuseeland hielt man eine bestimmte Palmenart für in Bäu-

H 3   Philemon und Baucis verwandeln sich in Bäume

me verwandelte Frauen. Man erzählte von ihnen, daß sie sich fortbewegen und dadurch Fremde in die Irre führen können.

In dem Märchen *Die Alte im Wald* (Grimm) begegnen uns ein Königssohn und sein Hofstaat als verwunschene Bäume. Durch ein armes Dienstmädchen erhalten sie ihre Menschengestalt zurück. Ihm ist es gelungen, den bösen Zauber brechenden Ring der alten Hexe zu entwenden. „Da lehnte es sich an einen Baum und wollte auf das Täubchen warten, und wie es so stand, da war es, als wäre der Baum weich und biegsam und senkte seine Zweige herab. Und auf einmal schlangen sich die Zweige um es herum, und waren zwei Arme, und wie es sich umsah, war der Baum ein schöner Mann, der es umfaßte und herzlich küßte"[4].

Andere Märchen der Brüder Grimm schildern, wie aus den Gräbern der Verstorbenen Bäume wachsen. Aus dem Machandelboom (Wacholder) erhält der ermordete Knabe sein Leben zurück. Die Mutter verwandelt sich in den Baum, welchen Aschenputtel auf ihr Grab pflanzt. Auch im Märchen vom *Singenden Knochen* wächst ein Baum aus dem Grab des Getöteten. Eine aus seinem Holz

47

geschnitzte Flöte berichtet von dem Mord. In dem italienischen Märchen *Das Mädchen aus der Kastanie* entspringt ein wunderschönes Mädchen einer Kastanie, die ein Königssohn von einem alten Mann erhalten hat. Der Prinz möchte das Mädchen heiraten. Doch während er nach Hause geht, um für das nackte Mädchen Kleider zu holen, wird es von einer bösen Mohrin umgebracht und verwandelt sich in eine Taube. Die Taube verwandelt sich, nachdem sie abermals von der Mohrin umgebracht worden ist, in einen Kastanienbaum, dessen begehrte Früchte jeden Kranken heilen. Aus der letzten Kastanie entspringt dann wieder das schöne Mädchen, das nun die Gemahlin des jungen Königs wird. Bei der fünffachen Metamorphose ist es sicher kein Zufall, daß der Baum an dritter, zentraler Stelle steht. – In einem marokkanischen Volksmärchen hat die schöne Prinzessin Hatim Mitleid mit den Armen. Großzügig verteilt sie das Geld ihres Vaters. Dieser sieht in ihr jedoch eine Diebin, die seinen Besitz verschleudert hat, und läßt sie hinrichten. Allah aber verwandelt die Prinzessin als Lohn für ihre Güte in einen Mandelbaum, der mit seinen Gaben weiterhin die Herzen der Menschen erfreut.

Doch ist die Baum-Metamorphose nicht nur ein Thema antiker Sagen und alter Märchen. Hermann Hesse schildert sie in *Pictors Verwandlungen*. In Renate Rasps 1967 erschienenem Roman *Ein ungeratener Sohn* versucht ein Mann, seinen Stiefsohn in einen Baum zu verwandeln. Und die Mutter des Knaben hilft nur allzu bereitwillig mit. Zuerst wird seine Ernährung auf Wasser und Gemüse umgestellt, dann muß er stundenlange Standübungen absolvieren, danach wird er in einen mit Erde gefüllten Topf gestellt, und zuletzt werden ihm vom Stiefvater noch beide Hände abgetrennt. Das Unternehmen scheitert jedoch, da der Junge nicht konsequent genug an seiner Verwandlung mitwirkt. Ein Künstler des 20. Jahrhunderts, der sich mit dem Thema der Baum-Metamorphose besonders auseinandersetzte, ist der russische Bildhauer Ossip Zadkine (1890–1967), für den das Verhältnis von Baum und Mensch ein zentrales Thema wurde. Er gestaltete nicht nur mehrfach das beliebte Daphne-Motiv, dem sich u. a. auch Gonzalez, Laurens und Cimiotti wiederholt zuwandten, sondern er beschäftigte sich auch immer wieder mit den Themen ,,Baum-Mensch'' und ,,Menschenwald''. Auch in der Bronzeplastik *Baum der Grazien* (1962/63) schuf er eine Baum-Metamorphose.

Der menschliche Wunsch, nach dem Tode in einem Baume fortzuleben, zeigt sich nicht nur in dem Beispiel von Philemon und Baucis. In dem Spruch ,,Wo Treue Wurzel schlägt, macht Gott einen Baum daraus'', wird er ebenso deutlich wie in Heinrich Heines Wunsch für sein Grab: ,,Ein Baum wird meinen Grabstein beschatten. Es wird wohl eine Linde sein, und sommerabends werden dort die Liebenden sitzen und kosen''[5].

,,In einigen Kulturen hängt man die Toten an Bäume, anstatt sie zu beerdi-

H 8   Benno Huth, Die Verwandlung der Bacchantinnen. Zeichnung, 1983

gen", schreibt Mercatante, „vielleicht in der unterbewußten Hoffnung, daß die Pflanze dem entseelten Körper neues Leben verleihen könne"[6]. In Neuguinea erfolgte die Primärbestattung auf einem Baum, erst nach der Verwesung folgte die Sekundärbestattung in der Erde. Und sind uns die Bäume, die wir auf die Gräber pflanzen, nicht heute noch Symbole des Lebens, dem der Tod kein Ende setzt? Als die bekannte Anthropologin Margaret Mead gestorben war, schrieb in einem Telegramm ein Häuptling aus Neuguinea: „Menschen traurig über Margaret Meads Tod. Mit Sympathie, Respekt. Ruhten sieben Tage. Pflanzten Kokosbaum zur Erinnerung an große Freundin"[7].

Hinter all diesen Baum-Metamorphosen in Mythen, Märchen, Träumen und Wünschen verbirgt sich die tief im Menschen wurzelnde Sehnsucht nach Wiedergeburt oder Unsterblichkeit. Symbol für die Wiedergeburt des Lebens ist der Laubbaum mit seinen jährlich sich erneuernden Blättern. Und Sinnbild für die Unsterblichkeit ist der immergrüne Nadelbaum.

ANMERKUNGEN

[1] Anthony S. Mercatante, Der magische Garten, Pflanzen in Mythologie und Brauchtum, Sage, Märchen und geheimer Bedeutung, Zürich 1980, S. 23.
[2] Bairische Chronik, Bl. 18 b. Nach: Brüder Grimm, Deutsche Sagen, München 1981, Nr. 413, S. 382.
[3] Ovid, Metamorphosen, hrsg. und übersetzt von Hermann Breitenbach, Zürich 1958.
[4] Kinder- und Hausmärchen der Brüder Grimm, Gesamtausgabe, Leipzig o. J., S. 530 f.
[5] Zitiert nach S. Fischer-Fabian, Ein Hauch von Seligkeit. Die Frauen großer Dichter, München 1981, S. 146 f.
[6] Anthony S. Mercatante, a. a. O., S. 131.
[7] Zitiert nach „Die Zeit" vom 18. Februar 1983, S. 60.

Der Baum als Symbol des Menschen

Tief verwurzelt ist der Glaube an die Identität von Mensch und Baum.
Der Baum steht aufrecht wie der Mensch. Er wächst und vergeht wie dieser.
Und jeder Mensch möchte wie ein Baum wachsen, blühen und viele Früchte
tragen, wie ein Baum Wind und Wetter trotzen und wie ein Baum ein hohes
Alter erreichen.
Wie der Laubbaum in unseren Breiten dem Jahreskreislauf unterliegt, erlebt
auch der Mensch Frühling, Sommer, Herbst und Winter. Im Frühling, wenn
die Säfte in den Bäumen steigen, wenn die ersten Knospen aufbrechen, fühlen
auch wir uns zu neuen Schritten und Taten bereit. Wir spüren, wie neue Kräfte
in uns erwachen. Liebesunglück wird vergessen, und die Hoffnung auf neues
Glück keimt auf. In dem Gedicht *Neuer Frühling* von Heinrich Heine heißt es:

> Welch ein schauersüßer Zauber!
> Winter wandelt sich in Maie,
> Schnee verwandelt sich in Blüten,
> Und dein Herz, es liebt aufs neue.

Und in Rilkes *Herbsttag:*

> Wer jetzt kein Haus hat, baut sich keines mehr.
> Wer jetzt allein ist, wird es lange bleiben,
> wird wachen, lesen, lange Briefe schreiben
> und wird in den Alleen hin und her
> unruhig wandern, wenn die letzten Blätter treiben.

Symbol des Menschen ist der Baum bereits in den altindischen Upanishaden.
Sie überliefern uns das Bild des „baumhaften" Menschen:

> Dem Baume gleich, dem Fürsten des Waldes,
> Gewiß, ihm gleicht der Mensch.
> Seine Haare entsprechen den Blättern,
> Der Außenrinde gleicht die Haut.
> Es strömt das Blut aus seiner Haut,
> Wie aus der Rinde des Baumes der Saft.
> Aus dem Verwundeten fließt Blut
> Wie Saft aus einem Baum, den man verletzte.
> Dem Holze vergleichbar ist das Fleisch,
> So wie dem Bast die starke Sehne.
> Die Knochen sind das Innenholz,
> Das Mark vergleicht dem Marke sich . . .[1]

Auch in der Bibel ist der Baum oft Gleichnis des Menschen. Vor allem im Alten
Testament sind die Baumgleichnisse häufig. Im ersten Psalm wird der gerech-

te Mensch mit dem grünenden, Früchte bringenden Baum verglichen: „Er grünet wie der Baum verpflanzt an Wasserbäche, der Früchte trägt zur rechten Zeit und dessen Laub nicht welkt. Und was er tut, gerät ihm gut." (1,3).

Dieser Psalm gab den Anlaß, den immergrünen, samen- und früchtereichen Johannisbrotbaum als Erinnerungsbaum für die *Allee der Gerechten* in Jerusalem zu wählen. In dieser *Allee der Gerechten* des Yad Vashem, der Erinnerungs- und Forschungsstätte nationalsozialistischer Verbrechen am jüdischen Volk, stehen bereits über tausend Johannisbrotbäume. Jeder einzelne trägt auf einem Schild den Namen eines Menschen, der mit persönlichem Einsatz und unter Gefährdung des eigenen Lebens während der NS-Herrschaft versucht hat, jüdische Menschen zu retten. Und noch immer werden weitere Erinnerungsbäume gepflanzt.

In der Bergpredigt lesen wir: „An ihren Früchten sollt Ihr sie erkennen. Kann man auch Trauben lesen von den Dornen, oder Feigen von den Disteln? Also ein jeglicher guter Baum bringet gute Früchte; aber ein fauler Baum bringet arge Früchte. Ein guter Baum kann nicht arge Früchte bringen, und ein fauler Baum kann nicht gute Früchte bringen. Ein jeglicher Baum, der nicht gute Früchte bringet, wird abgehauen, und ins Feuer geworfen. Darum an ihren Früchten sollt Ihr sie erkennen" (Mt 7, 16–20).

Auch unsere häufig gebrauchten Redensarten wie „Es ist dafür gesorgt, daß die Bäume nicht in den Himmel wachsen", „Einen alten Baum verpflanzt man nicht" oder „Der Apfel fällt nicht weit vom Stamm" zeigen es deutlich: wir identifizieren uns heute noch mit dem Baum. Wir sprechen von einem „baumlangen", einem „baumstarken" oder „stämmigen" Mann. Oft gebrauchen wir auch Redensarten wie „Wurzeln schlagen", „verwurzelt" oder „entwurzelt" sein. Interessant ist, wie Henry Miller den griechischen Dichter Seferiades beschreibt: „Er war zu einem universalen Dichter herangereift, indem er leidenschaftlich im Boden seines Volkes Wurzel schlug. Wo immer heute die griechische Kunst lebendig ist, basiert sie auf dieser Antäus-Geste, auf dieser Leidenschaft, die vom Herzen bis in die Füße strömt, starke Wurzeln schlägt und den Körper in einen Baum voll mächtiger Schönheit verwandelt"[2].

Oft bezeichnen wir den Baum als Bruder oder als Freund. „Mit Bäumen kann man wie mit Brüdern reden", schrieb Erich Kästner in seinem Gedicht *Die Wälder schweigen*. Und Nazim Hikmit träumt:

> Leben! Einzeln und frei
> wie ein Baum
> und brüderlich wie im Wald,
> ist unsere Sehnsucht.

„Mein Freund, der Baum, ist tot", sang die bekannte Schlagersängerin Alexandra.

I 1   Olavi Lanu, Leben im finnischen Wald. Environment-Komposition (Ausschnitt), 1970

An die Grundfrage menschlicher Existenz rührt auch Kafkas Gleichnis *Die Bäume:* „Denn wir sind wie Baumstämme im Schnee. Scheinbar liegen sie glatt auf, und mit kleinem Anstoß sollte man sie wegschieben können. Nein, das kann man nicht, denn sie sind fest mit dem Boden verbunden. Aber sieh, sogar das ist nur scheinbar"[3].

Die Überzeugung von der Wesensgleichheit von Baum und Mensch legte die Vorstellung nahe, daß der Baum eine Seele habe wie der Mensch und daher auch sprechen und singen könne wie dieser. Schon Plinius der Ältere erwähnt redende Bäume. Die Suche nach dem singenden Baum ist uns aus dem Märchen *Amor und Psyche* von Apulejus bekannt. Auch nach indischer Auffassung konnten die Bäume im Goldenen Zeitalter sprechen. Bei uns wurden früher Bäume z. B. mit „Frau Hasel" oder „Herr Flieder" begrüßt. Und C. G. Jung schreibt: „Bäume haben Individualität, sie sind daher oft ein Synonym für Persönlichkeit. Ludwig II. von Bayern soll gewisse, besonders eindrucksvolle Bäume des Parks dadurch geehrt haben, daß er sie salutieren ließ"[4].

Man stellte sich auch vor, daß verletzte Bäume wie Menschen bluten können. In Schillers *Wilhelm Tell* fragt Walther seinen Vater:

> Vater, ist's wahr, daß auf dem Berge dort
> Die Bäume bluten, wenn man einen Streich
> Drauf führte mit der Axt?

Tell: Wer sagt das, Knabe?

Walther: Der Meister Hirt erzählt's. Die Bäume seien
> Gebannt, sagt er, und wer sie schädige,
> Dem wachse seine Hand heraus zum Grabe.

Tell: Die Bäume sind gebannt, das ist die Wahrheit. (III, 3)

Baumfrevel wird bereits im Gilgamesch-Epos bestraft. Von Strafen für Baumfrevel hören wir auch bei Ovid.

Nach ältestem deutschen Markrecht traf den Baumfrevler, der Bäume durch Abschälen der Rinde zerstörte, die Strafe des Ausdärmens. Es wurde ihm so lange das Gedärm aus dem Leib gewunden, bis dieses der geschädigten Baumrinde entsprach. Nach dem Recht der Hülseder Mark hieß es: „Wenn einer einer Eiche den Poll abhauete, dem soll man den Kopf abhauen und in die Stelle setzen"[5]. Die betreffenden Baumteile wurden als seine Därme (Rinde), als seine Glieder (Stamm, Zweige), als sein Kopf (Krone) betrachtet. Ihre Beschädigungen konnten nur wieder geheilt werden, wenn die Frevler an den betreffenden Körperteilen verletzt wurden. Das Leben des Baumes galt mehr als ein Menschenleben. Noch in Stifters Erzählung *Der beschriebene Tännling* fällt Hans den Baum nicht, nachdem ihm im Traume Maria mit strafendem Gesicht in der Baumkrone erschienen ist.

Auf eine sinnbildliche Identifikation des Menschen mit dem Baum geht auch

I 10   Der Pflanzenmensch. Kupferstich. Amsterdam 1696

der alte europäische, russische und jüdische Brauch zurück, zur Geburt eines Menschen einen Baum zu pflanzen. Man pflanzte ihn in den Garten, vor das Hoftor oder auf die Almende (Württemberg). Bereits Geiler von Kaisersberg (1445–1510) erwähnt diesen Brauch. Goethes Großvater pflanzte zur Geburt seines Enkels einen Birnbaum. (Später, zu des Dichters 75. Geburtstag, wurde noch eine Linde gepflanzt.) Vom Geburtsbaum seiner schlesischen Heimat berichtet Gustav Freytag:

> Vor meinem Fenster stand ein Myrtenstrauch,
> ein kleiner Herre nach des Landes Brauch
> gepflanzt im ersten Neumond meines Lebens[6].

Von dem tschechischen Maler Jiři Kolář wissen wir, daß seine Eltern zu seiner Geburt einen Apfelbaum pflanzten; er wurde später in seiner Malerei ein häufiges Motiv. In der Schweiz war es üblich, zur Geburt eines Sohnes einen Apfel- und zur Geburt einer Tochter einen Birnbaum zu pflanzen. Auf den Chatham-Inseln bei Neuseeland pflanzte man einen Baum und segnete ihn, wenn das Kind seinen Taufnamen erhielt. Auch hier glaubte man, daß das Wachstum des Baumes mit dem des Kindes eng verknüpft sei. In diesen Zusammenhang gehört auch der Brauch einiger Naturvölker, die Placenta neben einem Baum zu vergraben.

Bis ins vergangene Jahrhundert war es in Deutschland und in einigen slawischen Ländern noch Brauch, einen oder zwei Hochzeitsbäume vor das Haus des Paares zu pflanzen. Von diesem Brauch berichtet das erzgebirgische Lied *Schie iss e' Vug'lbeerbaam*. In der dritten Strophe heißt es:

> Tätst de mich mög'n . . .
> Hüb'n un drüb'n, dort wu de Haustür gieht,
> Pflanzet zwaa Vug'lbeerbaam'ln ich ei' . . .

Und in der letzten Strophe:

> Wie die zwaa Baam woll'n nab'nnanner mir schtieh'
> Rut wie de Beer'n soll de Lieb in uns blüh.

Auch in Ludwig Tiecks *Wundersamer Liebesgeschichte der schönen Magelone* pflanzen Peter und Magelone nach ihrer Hochzeit einen Baum, und zwar an dem Ort, an dem sie sich wiedergefunden haben. Die Kreisstadt Nordhausen im Harz ließ 1970 diesen alten Hochzeitsbrauch wieder aufleben. Hier pflanzen die jungen Paare ihren Hochzeitsbaum in öffentliche Anlagen. Hinter diesem Brauch steht der Gedanke, daß der Baum mit dem neuen Lebensabschnitt des Paares eng verknüpft ist: die Liebe des Paares soll wachsen wie der Baum, das Paar soll fruchtbar sein wie der Baum.

Noch heute wird in ländlichen Gegenden Indiens die Braut mit einem Baum vermählt. Sie berührt und umschlingt den Mahuabaum. Dann wird sie angebunden. Zuletzt umkreisen Braut und Bräutigam mehrmals den Baum. Diese

I 11   Tutilo Karcher, Jungstier und Baum. Radierung, 1977

Sitte soll die Fruchtbarkeit des Paares stärken. In diesen Zusammenhang gehören auch symbolische Hochzeiten zwischen zwei Bäumen, die ihre Lebenskraft auf ein bestimmtes Paar übertragen sollen.

In Schweden, in Dänemark und in den Alpen wurde der Lebens-, Schicksals- und Schutzbaum der Familie (schwed. Vårdträd) zum festen Bestandteil des Bauernhofes. Auch sein Gedeihen war eng mit dem der Familie verknüpft. Von dem Familienbaum des Botanikers Linné berichtet Wilhelm Mannhardt: ,,Die drei Familien Linnaeus (Linné), Lindelius und Tiliander hießen angeblich nach einem und demselben Baume, einer großen Linde mit drei Stämmen . . . Als die Familie Lindelius ausstarb, vertrocknete eines (sic) der Hauptäste der alten Linde; nach dem Tode der Tochter des großen Botanikers Linné hörte der zweite Ast auf Blätter zu treiben, und als der Letzte der Familie Tiliander starb, war die Kraft des Baumes erschöpft, aber der erstorbene Stamm der Linde steht noch und wird hoch in Ehren gehalten''[7]. Auch diese Geschichte spiegelt den tiefverwurzelten Glauben an die Wesensgleichheit von Mensch und Baum.

Der Karlsruher Maler Tutilo Karcher stellt in seiner Radierung *Jungstier und Baum* (1977) einen grünen Baum dar, der im Kopf eines Jungstiers wurzelt. Wie auch die Inschrift ,,Ille verus est vitulus'' verdeutlicht, symbolisiert er damit den Menschen, der in Christus seine Wurzeln hat. Den Baum umkreist eine Schlange, die sich in den Schwanz beißt. Damit stellt der Künstler den Menschen in den ewigen Kreislauf von Leben und Tod.

Wie der Mensch, der aus Gott heraus lebt, mit dem grünen, fruchtbringenden Baum verglichen wird, symbolisiert der dürre, entlaubte Baum den Sünder: Die Sünder müssen zerbrochen und zuschanden werden, heißt es in Jesaja 1, 28–30, und sie werden sein ,,wie eine Eiche mit dürren Blättern und wie ein Garten ohne Wasser''.

Auch in Literatur und Kunst finden wir das Symbol des dürren Baumes. Als Wallenstein von seinen Anhängern verlassen wird, sagt er: ,,Den Schmuck der Zweige habt ihr abgehauen, Da steh' ich, ein entlaubter Stamm!'' (Wallensteins Tod, III,13, V.1792).

Ein Symbol der Liebesunfähigkeit ist Paul Klees *Jungfrau im Baum* (1902/03). Die Radierung zeigt im dürren Baumgeäst eine knöcherige Frau mit gespreizten Gliedern. Baum und Frau werden hier zum Sinnbild der Unfruchtbarkeit, des Abgestorbenseins. Häufig begegnen wir auch dem Symbol des stürzenden Baumes. In Jakob Ruisdaels *Eichen am Wasser* (um 1665) ragen mächtige, hohe, knorrige Eichen in den weiten Himmel. Sie stehen an einem Teich. Doch die höchste Eiche droht ins Wasser zu stürzen, ,,auf daß sich fortan kein Baum am Wasser seiner Höhe überhebe . . . und kein Baum am Wasser sich erhebe über die anderen; denn sie müssen alle unter die Erde und dem Tode überge-

I 3   Paul Klee, Jungfrau im Baum. Radierung, 1903

ben werden'' (Hesekiel 31, 14). Dieses Bild symbolisiert die Gefährdung und den nahenden Sturz des Mächtigen und Überheblichen. Der gestürzte Baum ist ein Sinnbild der Vergänglichkeit. So vergleicht auch Kleist Penthesilea mit einer zu stolzen Eiche. Von ihrem Tod heißt es:

> Sie sank, weil sie zu stolz und kräftig blühte!
> Die abgestorbene Eiche steht im Sturm,
> Doch die gesunde stürzt er schmetternd nieder,
> Weil er in ihre Krone greifen kann.
> (Prothoe in Penthesilea, V. 3040–43)

Ähnlich wird in Nietzsches Gedicht *Die Pinie und der Blitz* die zu hoch hinaus wachsende Pinie vom Blitz getroffen. Und Nietzsches Zarathustra spricht:

Aber es ist mit dem Menschen wie mit dem Baume.
Je mehr er hinauf in die Höhe und Helle will,
um so stärker streben seine Wurzeln erdwärts,
abwärts, ins Dunkle, Tiefe – ins Böse . . .
Dieser Baum steht einsam hier am Gebirge; er
wuchs hoch hinweg über Mensch und Tier. Und
wenn er reden wollte, er würde niemanden haben,
der ihn verstünde: so hoch wuchs er. Nun wartet
er und wartet – worauf wartet er doch? Er
wohnt dem Sitz der Wolken zu nahe: er wartet
wohl auf den ersten Blitz?[8]

Doch kann der hoch hinauswachsende Baum auch für den tüchtigen Menschen stehen. So besingt Ludwig Uhland in der *Ulme zu Hirsau* den aus den Trümmern des Klosters emporwachsenden Baum:

Weil des Gemäuers Enge
Ihm Luft und Sonne nahm,
So trieb's ihn hoch und höher,
Bis er zum Lichte kam.

Diese Beobachtung läßt ihn an Luther denken, mit dem er ,,die Ulme . . ., die hehre'' vergleicht:

Zu Wittenberg im Kloster
Wuchs auch ein solcher Strauß
Und brach mit Riesenästen
Zum Klausendach hinaus.

In dem Märchen *Der Tannenbaum* symbolisiert Andersen in der Tanne, die gern Christbaum sein möchte, den unzufriedenen Menschen, der unfähig ist, sein Glück zu erkennen, und sich durch sein Streben nach falschem Glanz ins Verderben stürzt.

Mit einem Baum vergleichen sich Conrad Ferdinand Meyer und Hermann Hesse in ihren Gedichten *Der verwundete Baum* und *Die gestutzte Eiche*. Und denken wir nicht auch bei Caspar David Friedrichs bekanntem Bild *Der einsame Baum* (1823), jener einsam im Gebirge stehenden Eiche, an den einsamen Menschen? So schreibt auch Hermann Hesse über einzeln stehende Bäume: ,,Sie sind wie Einsame. Nicht wie Einsiedler, welche aus irgendeiner Schwäche sich davongestohlen haben, sondern wie große, vereinsamte Menschen, wie Beethoven und Nietzsche''[9].

Auch die Psychologie sieht im Baum ein wichtiges Symbol. So beschreibt C.G. Jung die Phantasievorstellung vom Baum als Symbol des Selbst, dargestellt als Prozeß des Wachsens. Er sieht darin eine Veranschaulichung dessen, was er den Prozeß der Individuation nennt. Der Baum ist ein ,,Prototyp des Selbst,

I 2   Jacob van Ruisdael, Eichen am Wasser. Öl auf Leinwand, um 1665.
Karlsruhe, Staatliche Kunsthalle

ein Symbol des Ursprungs und des Ziels des Individuationsprozesses"[10]. Unter dem Selbst versteht er die gesamte Persönlichkeit, welche bewußte und unbewußte Kräfte vereint. Jung ließ seine Patienten in Bilderserien ihre inneren Erlebnisse ausdrücken. Dabei stellte er fest, daß das Bild des Baumes „unter den archetypischen Gestaltungen des Unbewußten häufig auftritt. Wenn die Phantasievorstellungen zeichnerisch dargestellt werden, so ergeben sich häufig symmetrische Gebilde, die in ihrem Querschnitt ein Mandala darstellen würden. Insofern nun letzteres in der Regel eine Aufsicht des Selbstsymbols darstellt, bedeutet der Baum soviel als eine Ansicht desselben, d. h. er stellt das Selbst als einen Wachstumsvorgang dar"[11].

Der Baum als ein Symbol des Selbst, der Ganzheit und des Wachstums wird so zum Sinnbild des sich wandelnden, geistig sich entwickelnden, schöpferischen Menschen. Er symbolisiert nicht nur seinen äußeren, sondern auch seinen inneren Wachstumsprozeß. In dem Bild *The Tree of the Soul* des englischen Mystikers William Law (1686–1761) sind Jungs Entdeckungen vorweggenommen: Ein Lichtstrahl aus der Welt des Bewußtseins dringt in die dunkle Welt des Unbewußten, in der der Baum der geistigen und seelischen Entwicklung des Menschen wurzelt. Emporwachsend durch die Welt von Leid und Erfahrung öffnet er sich dann in größerer Bewußtheit zum Licht Gottes hin[12]. Auch für Hermann Hesse sind die Bäume das Symbol für das Schöpferische in uns: „In ihren Wipfeln rauscht die Welt, ihre Wurzeln ruhen im Unendlichen; allein sie verlieren sich nicht darin, sondern erstreben mit aller Kraft ihres Lebens nur das Eine: ihr eigenes, in ihnen wohnendes Gesetz zu erfüllen, ihre eigene Gestalt auszubauen, sich selbst darzustellen"[13].

Und Paul Klee beschreibt den schöpferischen Gestaltungsprozeß des Künstlers mit einem Baumgleichnis: Der Künstler „ist so gut orientiert, daß er die Flucht der Erscheinungen und der Erfahrungen zu ordnen vermag. Die Orientierung in den Dingen der Natur und des Lebens, diese vielverästelte und verzweigte Ordnung, möchte ich mit dem Wurzelwerk des Baumes vergleichen. Von daher strömen dem Künstler die Säfte zu, um durch ihn und durch sein Auge hindurchzugehn. So steht er an der Stelle des Stammes. Bedrängt und bewegt von der Macht jenes Strömens, leitet er Erschautes weiter. Wie die Baumkrone sich zeitlich und räumlich nach allen Seiten hin sichtbar entfaltet, so geht es auch mit dem Werk." Und der Künstler „tut an der ihm zugewiesenen Stelle beim Stamme doch gar nichts anderes, als aus der Tiefe Kommendes zu sammeln und weiterzuleiten. Weder dienen noch herrschen, nur vermitteln"[14].

Eine wichtige Rolle spielt der Baum auch als Traumsymbol. Die Erfahrungen ihrer psychologischen Praxis beschreibt Christa Meves: „Es erscheint mir allgemeiner Beobachtung wert, daß der Baum als Traumsymbol für die Lebenssi-

I 6   William Law, The Tree of the Soul. Zeichnung, 18. Jh.

tuation des Menschen immer noch häufig ist"[15]. Sie berichtet von einem Zwanzigjährigen, der sich im Traum vor einem umgehackten Baum sah und den Traum mit den Worten kommentierte: ,,Ich fühle mich selbst abgehackt, nachdem ich zum zweitenmal in derselben Klasse sitzengeblieben bin und nun die Schule verlassen soll"[16].

Oft kündet der Baum im Traum eine neue Lebensaufgabe an. So sah eine junge Frau ,,kurz vor ihrer Hochzeit im Traum einen Apfelbaum an und stellte fest, daß er reif sei zur Ernte"[17].

Auch in Grimms Märchen *Frau Holle* begegnet das in den Brunnen gefallene Mädchen einem Baum voll reifer Äpfel, den es schütteln soll. Auch hier zeigt das Bild des reifen Apfelbaumes ,,den Übergang vom Kind zur Frau, die Mutter werden soll"[18]. Für Aschenputtel wiederum ist es bezeichnend, daß es sich vor dem Prinzen in einem Baum voller reifer Birnen versteckt.

Im Alten Testament zeigt Nebukadnezars Baum-Traum eine Lebenskrise an. Der König, der Eroberer Jerusalems, schildert Daniel seinen Traum: ,,Siehe,

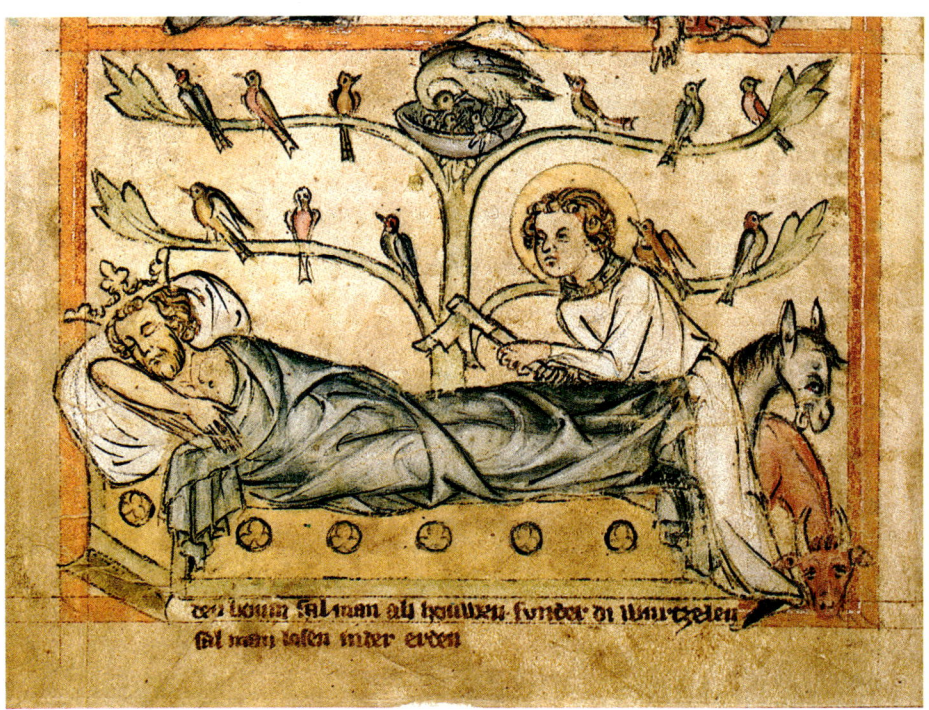

I 8 Nebukadnezars Traum. Heilsspiegel, 2. Hälfte 14. Jh.
Karlsruhe, Badische Landesbibliothek

da stand ein Baum von ungewöhnlicher Höhe, mitten auf der Erde. Der Baum wurde immer noch größer und mächtiger, bis seine Spitze den Himmel erreichte und er an allen Enden der Erde sichtbar war. Prächtig war sein Blätterkleid, überreich sein Fruchtbehang, und er bot Nahrung für alle. Die Tiere des Feldes suchten unter ihm Schatten, die Vögel des Himmels nisteten in seinen Zweigen, und alles Leben ernährte sich von ihm. Da sah ich in den Gesichtern, die mir auf meinem Lager vor Augen standen, plötzlich einen heiligen Wächter vom Himmel steigen. Er gebot mit machtvoller Stimme: Fället den Baum und haut ab seine Äste . . . Es fliehe fort das Getier unter ihm und die Vögel aus seinem Geäste! Doch lasset einen Wurzelstock im Boden, in eisernen und ehernen Fesseln laßt ihn im Grün des freien Feldes. Vom Tau des Himmels werde er benetzt und mit den Tieren hab' er Teil am Gras auf der Erde'' (Daniel 4, 7–12). Daniel aber prophezeit dem König, daß er der Baum, den er gesehen hat, selbst sei, daß er aus dem Kreis der Menschen ausgestoßen werde und bei den Tieren des Feldes hausen müsse. Und der Traum wird wahr.

In vielen Märchen, Sagen und Legenden begegnen wir diesen Sympathiebäumen, am eindrucksvollsten in den zahlreichen Brüder-Märchen. Ganz gleich, ob es sich um das älteste uns erhaltene Märchen von den Brüdern Bata und Anubis oder um Grimms *Die zwei Brüder* handelt – stets geht es um das Thema: Stirbt der Baum, stirbt der Mensch; tötet man den Baum, tötet man den Menschen.
Im altägyptischen Brüder-Märchen birgt Bata sein Herz in einer Zeder. Zuvor sagt er zu seinem Bruder Anubis: ,,Ich gehe nun in den Zedernwald und lege mein Herz in die Blüte einer Zeder, wird sie umgehauen, so fällt mein Herz zu Boden, und ich falle in den Todesschlaf''[19].
In Grimms Märchen *Die zwei Brüder* werden Zwillinge von ihren Eltern ausgesetzt. Ein Jäger findet sie und zieht sie auf. Später, als sie erwachsen sind, verlassen sie ihn, um auf eigenen Füßen zu stehen. Auch die zwei Brüder müssen sich trennen, da sie zu zweit keine Arbeit finden. Bei ihrem Abschied stoßen sie das Messer in einen Baum, wie es ihnen der Jäger geraten hat: ,,Wenn ihr euch einmal trennt, so stoßt dies Messer am Scheideweg in einen Baum, daran kann einer, wenn er zurückkommt, sehen, wie es seinem abwesenden Bruder ergangen ist, denn die Seite, nach welcher dieser ausgezogen ist, rostet, wann er stirbt. Solange er aber lebt, bleibt sie blank''[20]. Der eine Bruder gerät dann in große Gefahr: eine Hexe hat ihn in einen Stein verwandelt. Als der andere an dem Baum wieder vorbeikommt, entdeckt er, daß das Messer auf der einen Seite halb verrostet, sein Bruder also in Lebensgefahr ist. Es gelingt ihm, ihn zu finden und von der Hexe zu befreien. Der Baum hat ihn die Gefahr für den Bruder erkennen lassen und ist ihm zum Wegweiser geworden. – In anderen

Fassungen des Brüder-Märchens schneiden die beiden Brüder Zeichen in die Bäume. Wenn die Einschnitte bluten, bedeutet dies, daß sie in Not sind.

Den zwei Brüdern als Archetypen begegnen wir in den Märchen vieler Völker. Die Beziehung, die sie zueinander haben, wird unterschiedlich dargestellt. Manchmal sind sie eifersüchtig und versuchen, einander zu übervorteilen. Manchmal helfen sie sich auch. Sie trennen oder verlieren sich und finden sich stets nach Überwindung großer Gefahren wieder. Oft scheint es, als ob die zwei Brüder in ihren Eigenschaften und Verhaltensweisen nur die verschiedenen Seinsschichten ein und derselben Person darstellen, „verschiedene Dimensionen eines Wesens, die man erst nach gefahrvollen und risikoreichen Unternehmungen als zu sich gehörig akzeptieren und in sein eigenes Ich integrieren kann. Die Rolle, die der Baum dabei spielt, weist auf seine für den Menschen bestimmenden Kräfte hin: am Wohlergehen des Baumes erkennt der Bruder die Situation des anderen Bruders"[21]. Er kann seinen Bruder nicht direkt erkennen, sondern nur über den Baum. Nur der Baum verschafft ihm den Zugang zu seinem anderen Ich. Nur der Baum läßt ihn erkennen, was er in sich verdrängt oder unterdrückt hat, was er verloren hat oder irgendwann von sich lösen mußte.

Nicht nur Baum-Träume, sondern auch Baum-Zeichnungen können dem Psychologen wertvolle Hinweise auf die Lebenssituation eines Menschen geben. Die Tatsache, daß der Baum archetypisch ein Symbol des Menschen, seiner Entwicklung und seines augenblicklichen Lebenszustandes ist, hat sich die projektive Tiefenpsychologie zunutze gemacht.

Bekannt sind die Baum-Tests von Karl Koch. Hier dienen die Baum-Zeichnungen als psychodiagnostische Hilfsmittel. Für Koch sind die Baum-Zeichnungen vergrößerte Graphologie: „Für die Baumzeichnung ist der Baum nichts anderes als der Projektionsträger, das Objekt, welches hineinprojiziert wird. Das Objekt, der Baum, ist freilich kein eintrainiertes Schema analog dem Schriftgerüst, aber noch eine Wahrnehmung, die aus der Erfahrung hinreichend klar ist und im wesentlichen bestimmt ist durch eine nicht verwechselbare Struktur und Gestalt. Die Projektionswand ‚Baum' besitzt einen mehr oder weniger starken Aufforderungscharakter und evoziert damit im Zeichner subjektiv geformte Ausdruckserscheinungen, Bilder, die sich mit dem Subjekt verschmelzen. Die projizierte Zeichnung enthält damit ein Stück Objektwelt, . . . welches freilich eine innere Verwandtschaft zum Raumschema der Seele besitzt"[22]. Bei dem Baumtest wird auf ein Blatt im DIN-A4-Format ein Obstbaum mit Bleistift gezeichnet. Aus den Formen und Größenverhältnissen von Wurzeln, Stamm und Krone, den Formen und der Anordnung von Zweigen, Blättern und Früchten, der Anordnung des Baumes in der Landschaft und seinem Zubehör wie Vögel, Nester, Vogelhäuschen, aber auch am Ausdruck des

Striches, an Dunkelfärbungen usw. erhält der Psychologe wichtige Hinweise zum Persönlichkeitsbild und zur Lebenssituation der Testperson. Seelische Verletzungen lassen sich z. B. an Schrunden, abgesägten Äster_ und Astlöchern erkennen. Sensibilität oder seelische Robustheit läßt sich an der Astwerkzeichnung ablesen. Nach dem Urteil des Psychologen Richard Meili kann die Baumzeichnung die betreffende Persönlichkeit frappierend widerspiegeln; ,,man kann dann den Menschen sozusagen im Baum sehen''[23]. Für Koch sind die Ergebnisse der Baumtests besonders dann wertvoll, wenn sie in Verbindung mit anderen diagnostischen Verfahren gewertet werden.

Rudolf Steiner wandte das Baumzeichnen als pädagogisches Mittel an. 14- bis 18jährigen Schülern gab er z. B. im Kunstunterricht die Themen *Bäume im Sturm, Bäume in sonniger Luft, Besonnter Baum am Wasserfall*. Mit der künstlerischen Gestaltung dieser Themen sollte der Schüler die Kräfte und das Abbild seines eigenen Wesens entdecken.

Vom Bild des Baumes können wir daher auch lernen, daß Leben Wachsen heißt, daß wir niemals aufhören dürfen, wachsen zu wollen, selbst dann nicht, wenn wir niedergebrochen werden, denn auch aus dem niedergebrochenen Stamm kann ein neuer Sproß heraustreiben. Vom Bild des Baumes können wir auch etwas über unsere Innenseite erfahren. Ohne seine uns unsichtbaren Wurzeln kann der Baum nicht leben. ,,Auch der Mensch lebt wesentlich und elementar aus seinem Innenraum, aus seiner Seele. Und auch in diesem Raum gibt es noch einen verdunkelten Teil, das Unbewußte, aus dessen Kraft und Antrieben menschliches Leben existiert''[24].

In seinem Gedicht *Ebereschen* stellt Gottfried Benn die Frage nach dem Sinn menschlichen Lebens:

> Ebereschen – dies Jahr und Jahre immerzu
> in fahlen Tönen erst und dann in roten
> gefärbt, gefüllt, gereift, zu Gott geboten –
> wo aber fülltest, färbtest, reiftest du – ?

Letztlich symbolisiert der Baum die Selbstverwirklichung des Menschen. Nur in sich selbst kann jeder die Antwort nach dem Sinn seines Lebens finden. Jeder Mensch hat in sich selbst seinen Traum-Baum, seinen Traum von sich selbst. Wenn er sein inneres Idealbild erkennt, wird er auch wie die Ebereschen füllen, färben, reifen.

ANMERKUNGEN

[1] Brihadáranyaka – Upanishad III 9, 28; zitiert nach Photina Rech, Inbild des Kosmos. Eine Symbolik der Schöpfung, Salzburg 1966, 1. Bd., S. 373.
[2] Henry Miller, Der Koloß von Maroussi, Hamburg 1965, S. 38.
[3] Franz Kafka, Sämtliche Erzählungen, hrsg. von Paul Raabe, Frankfurt/M. 1970, S. 22.
[4] C. G. Jung, Der Geist Mercurius, in : Gesammelte Werke, 13. Bd., Olten, 2. Aufl., S. 214.

[5] Zitiert nach Aloys Bernatzky, Baum und Mensch, Frankfurt/M. 1973, S. 35.

[6] Zitiert nach Richard Beitl, Der Kinderbaum, Berlin 1942, S. 86.

[7] Wilhelm Mannhardt, Wald- und Feldkulte, 1. Bd., Berlin 1904, 2. Aufl., S. 51.

[8] Friedrich Nietzsche, Also sprach Zarathustra, in: Friedrich Nietzsche, Werke in zwei Bänden, München 1981, 1. Bd., S. 571.

[9] Hermann Hesse, Bäume, in: Wanderung, Gesammelte Werke, 6. Bd., Frankfurt am Main 1970, S. 151.

[10] C. G. Jung, Der Geist Mercurius. A. a. O., S. 214.

[11] C. G. Jung, Der philosophische Baum, in: Gesammelte Werke, 13. Bd., Olten 1982, 2. Aufl., S. 273.

[12] Vgl. Roger Cook, The Tree of Life, New York 1974, Tafel 1.

[13] Hermann Hesse, Bäume, A. a. O., S. 151.

[14] Paul Klee, Über die moderne Kunst, Bern 1949, S. 13.

[15] Christa Meves, Die Bibel antwortet uns in Bildern, Basel 1980, 11. Aufl., S. 75.

[16] Ebd.

[17] Ebd.

[18] Der Lebensbaum. Ein Ursymbol aus Mythos und Tiefenpsychologie, hrsg. von Walter Kettler, München 1976, S. 16.

[19] Ebd., S. 62.

[20] Kinder- und Hausmärchen der Brüder Grimm, Gesamtausgabe, Leipzig o. J., S. 201.

[21] Der Lebensbaum, A. a. O., S. 66.

[22] Karl Koch, Der Baumtest. Der Baumzeichenversuch als psychodiagnostisches Hilfsmittel, Bern 1972, 6. Aufl., S. 26.

[23] Richard Meili, Lehrbuch der psychologischen Diagnostik, Bern 1955, S. 188.

[24] Der Lebensbaum, A. a. O., S. 12.

Der Baum als Ort des Schutzes

Schon in frühester Zeit war der Baum für den Menschen Zufluchtsstätte. Die Äste schützten ihn vor angreifenden Tieren, die Blätter boten Schutz vor Regen und Sonne. Die Früchte ernährten ihn, und das brennende Holz wärmte ihn. Sein schützendes Geäst wurde Vorbild für Zelt und Haus. Schützend umgibt der Baum als Wiege das neugeborene Kind. Der Baum kann zum Hochzeitsbett werden wie bei Odysseus, und schließlich ist er als Baum- oder Holzsarg die letzte Ruhestätte. Die alemannische Bezeichnung ,,Totenbaum'' deutet noch auf die frühere einfache Form eines ausgehöhlten Baumstammes hin. Kein Wunder, daß der Baum uns bei vielen Völkern als Schutzsymbol begegnet. Er schützt vor allem die Neugeborenen und die in Not Geratenen. Auch hier kommt dem Baum weiblich-mütterliche Bedeutung zu.

Viele Götter wurden unter einem Baum geboren. Nach thebanischen Tempelinschriften schenkte die ägyptische Himmelsgöttin Nut Osiris unter dem Kesbet-Baum (botanisch nicht bestimmbar) das Leben. Der babylonische Gott

K 8   Klosterlinde. Kloster Heiligkreuztal bei Riedlingen, 1983

69

Tammuz kam unter einer Zeder auf die Welt. Apoll wurde unter einer Palme auf der Insel Delos geboren. Jupiter fand, so glaubten die Römer, als neugeborenes Kind unter einer Eiche Schutz. Buddha erblickte das Licht der Welt, nachdem seine Mutter, die Königin Maya, ihre Hand nach dem Blütenzweig eines Baumes ausgestreckt hatte. Die Legende erzählt, daß Laotse, einer der größten chinesischen Denker, unter einem Pflaumenbaum geboren wurde. Und das Fjolfswidslied der Edda erwähnt den Baum, dessen Früchte die Geburt erleichtern. Auch hier wird der Baum mit dem Lebensbeginn des Menschen verknüpft. Er erscheint als Geburtshelfer.

Oft wird der Baum zum Retter des Menschen.

In der Weltenesche Yggdrasil verbarg sich beim Weltuntergang ein Menschenpaar. Von ihm stammten die Geschlechter einer neuen Welt ab. Auch bei arktisch-amerikanischen Volksstämmen gelang es einigen Menschen, sich vor der Sintflut in den Weltenbaum zu retten. Und Bäume lieferten ihr Holz für die Arche Noah.

Wie später die Tempel und Kirchen konnten Bäume für Verfolgte zum Asyl werden. Der heilige Baum der Antike gewährte Gottesschutz. Niemand durfte im heiligen Hain getötet werden. In manchen Hainen wohnten sogar Pfleger des heiligen Orts, die Flüchtlinge von ihren Fesseln befreiten und diese als Weihgaben an Bäume hängten. Den Germanen galten die auf Hügeln gepflanzten, weithin sichtbaren Linden als Freibäume. Wer ihr schützendes Dach erreicht hatte, durfte nicht mehr verfolgt und gerichtet werden. Verfolgte sind auch Joseph und Maria mit ihrem neugeborenen Kind. Auf ihrer Flucht vor den Häschern des Herodes ruhen sie sich auf Lucas Cranachs d. Ä. Gemälde *Ruhe auf der Flucht* (1504) unter dem Schutz eines hohen Baumes aus. Rilke dichtet in seinem *Marien-Leben*:

> Immerhin, sie mußten sich darüber
> eine Weile setzen. Doch da ging –
> sieh: der Baum, der still sie überhing,
> wie ein Dienender zu ihnen über:
> er verneigte sich. Derselbe Baum,
> dessen Kränze toten Pharaonen
> für das Ewige die Stirnen schonen,
> neigte sich. Er fühlte neue Kronen
> blühen. Und sie saßen wie im Traum.

In dem Märchen *Das singende, springende Löweneckerchen* (Grimm) ist es ein Nußbaum, der zum Lebensretter wird. Ein Königssohn und seine Gemahlin fliehen vor einem Zauberer, indem sie sich auf den Vogel Greif setzen, der sie über das Rote Meer trägt. Die Flucht gelingt, da die junge Frau den Rat des Nachtwinds befolgt: ,,Da hast du auch eine Nuß, wenn du mitten über dem

70

K 6   Udo Claaßen, Simplicius im Schutze des Baumes. Radierung, 1983

Meere bist, laß sie herabfallen, alsbald wird sie aufgehen, und ein großer Nuß-baum wird aus dem Wasser hervorwachsen, auf dem sich der Greif ausruht; und könnte er nicht ruhen, so wäre er nicht stark genug, euch hinüberzutra-gen"[1]. Doch nicht nur Verfolgte, auch Haus und Hof, Friedhöfe, Kirchen und Klöster wurden von Bäumen beschützt. Bevorzugter Schutzbaum war die Lin-de. Häufig wurde ein Nußbaum vor das Haus gepflanzt, weil er vor dem Blitz schützt.

In der Dichtung, besonders im Märchen, begegnen wir dem Motiv des hohlen Baumes. Der hohle Baum ist Rückzugs- und Schutzort. Meist sind es verlasse-ne oder vertriebene Kinder, die in ihm Schutz suchen.

So sucht Grimmelshausens Simplicius, nachdem das Haus seiner Zieheltern niedergebrannt worden ist, Schutz in einem hohlen Baum. Auch *Brüderchen und Schwesterchen* (Grimm) verbringen, nachdem sie ihr Elternhaus verlassen haben, ihre erste Nacht in einem hohlen Baum. Für *Allerleirauh* (Grimm), das *Marienkind* (Grimm) und Bohdanka in dem tschechischen Märchen *Die sieben Raben* wird er sogar für längere Zeit zur schützenden Wohnstätte. Hier leben die drei Märchengestalten so lange, bis sie von ihrem Prinzen oder König ent-deckt werden und dann in einer neuen glanzvollen Rolle einen neuen Lebens-abschnitt beginnen. Der Baum als Rückzugs- und Selbstbesinnungsort wird hier zur notwendigen Voraussetzung der Lebenswende. Denn nur durch Rückzug und Selbstbesinnung können sich neue Kräfte entfalten.

Doch nicht nur der hohle Baum, sondern auch die Baumkrone wird zur Zu-fluchtsstätte. In dem Märchen *Die sechs Schwäne* (Grimm) flüchtet sich die trau-rige Königstochter, die ihre verwunschenen Brüder erlösen möchte, auf einen Baum. Sie weilt hier so lange, bis sie von einem jungen König entdeckt und ge-heiratet wird. Auch hier wird der schützende Baum zugleich zum Sinnbild für die Wende zum Guten, zum Schicksals- und Glückssymbol. Aschenputtel versteckt sich vor ihrem Prinzen auf dem Birnbaum. In Humperdincks Oper *Hänsel und Gretel* schlafen die Kinder unter einem Tannenbaum, und im Traum erscheinen ihnen vierzehn Schutzengel. Auch die Helden der Romantik su-chen häufig die Nähe eines Baumes auf, um hier zu rasten und zu ruhen. Oft übernachten sie unter Bäumen. Gelegentlich verbringen sie eine Nacht in den Zweigen des Baumes, wie z. B. der Held in Eichendorffs *Aus dem Leben eines Taugenichts* oder Trilltrall und der Einsiedler in Clemens Brentanos *Märchen vom Schulmeister Klopfstock*. In Eichendorffs Novelle heißt es z. B.: ,,Da ich kei-nen Menschen erblickte, stieg ich über den niedrigen Gartenzaun und legte mich recht behaglich unter einem Apfelbaume ins Gras, denn von dem gestri-gen Nachtlager auf dem Baume taten mir die Glieder weh"[2]. Und von Bettine von Arnim wissen wir, daß sie sich als Kind oft zum Lesen auf einen Baum flüchtete. Auch angesichts fremder Besucher kletterte sie häufig auf Bäume. In

K 2 Werner Klemke, Brüderchen und Schwesterchen im hohlen Baum

Händels Oper *Xerxes* singt der König das Lob des schattenspendenden Baumes. Goethes Werther zieht sich zum Kaffeetrinken und Lesen auf einen von Linden beschatteten Platz zurück: „. . . und was über alles geht, sind zwei Linden, die mit ihren ausgebreiteten Ästen den kleinen Platz vor der Kirche bedecken, der ringsum mit Bauernhäusern, Scheuern und Höfen eingeschlossen ist. So vertraulich, so heimlich hab' ich nicht leicht ein Plätzchen gefunden, und dahin lass' ich mein Tischchen aus dem Wirtshaus bringen und meinen Stuhl, trinke meinen Kaffee da, und lese meinen Homer"[3]. In Uhlands Gedicht *Bei einem Wirte wundermild* schenkt der Apfelbaum nicht nur Schatten und Ruhe, sondern auch köstliche Erquickung. In Ludwig Richters *Abendandacht* (1842) versammelt sich eine Bauernfamilie unter den Ästen zweier mächtiger Linden. Einen schützenden Dom bilden die Bäume in Ludwig Richters *Brautzug im Frühling* (1847), aus dem das Paar mit seinen Gästen ins Freie tritt. Auch auf Henri Rousseaus Bild *Hochzeit auf dem Lande* (um 1905) steht das junge Paar unter dem schützenden Dach schöngewachsener, schlanker Bäume. In dem bekannten Schubert-Lied *Am Brunnen vor dem Tore* heißt es von dem Lindenbaum:

> Es zog in Freud und Leide
> Zu ihm mich immer fort.
>
> Ich mußt auch heute wandern
> Vorbei in tiefer Nacht,
> Da hab ich noch im Dunkel
> Die Augen zugemacht.
>
> Und seine Zweige rauschten,
> Als riefen sie mir zu:
> Komm her zu mir, Geselle,
> Hier findst du deine Ruh!

Die Sehnsucht nach dem Lindenbaum bedeutet hier Sehnsucht nach Ruhe, Heimat und Geborgenheit. In Andersens Märchen *Unter der Weide* wird der Baum zur letzten Zuflucht und Ruhestätte. Hier, unter der alten Weide, unter der er so oft als Kind mit Hannchen gesessen und gespielt hat, findet der unglücklich liebende Knut endlich Erlösung von seiner Qual. Der aus der Fremde Zurückkehrende erfriert unter dem geliebten Baum der Heimat und Kindheit, glücklich von Hannchen, seiner großen Liebe, träumend.

K 5   Ludwig Richter, Brautzug im Frühling. Öl auf Leinwand, 1847.
         Dresden, Staatliche Kunstsammlungen   ▷

In einem Hain geht auch Buddha, dessen Leben mit Bäumen besonders verknüpft war, ins Nirwana ein.

Zu einem Zufluchtsort mit einer psychologisch besonders tiefen Bedeutung wird der Haselbaum, den Aschenputtel auf das Grab der Mutter pflanzt und mit seinen Tränen begießt. „Bäumchen, rüttel dich und schüttel dich, wirf Gold und Silber über mich", ruft das Kind den Baum in seiner Not an. Er hilft dem Kind und schenkt ihm Glück. Nach Bruno Bettelheim symbolisiert der Baum, „daß die Erinnerung an die idealisierte Mutter der Kindheit dann, wenn sie als wichtiger Teil der inneren Erfahrung lebendig erhalten wird, uns selbst im schlimmsten Unglück stützt und trägt"[4].

Der Baum wird hier zum Trostspender für alle, die einen lieben Menschen für immer verloren haben oder in der Angst leben, ihn einmal zu verlieren. Denn wer hätte nicht Angst, einmal seine Mutter zu verlieren? In diesem poetischen, tiefsinnigen Märchen – nicht ohne Grund ist es in der ganzen Welt das am weitesten verbreitete und beliebteste Märchen – lehrt uns der Baum, daß ein Mensch, den wir sehr geliebt haben, über seinen Tod hinaus nicht nur in unserer Erinnerung fortleben, sondern auch in Notsituationen uns schützen und beschenken kann.

ANMERKUNGEN

[1] Kinder- und Hausmärchen der Brüder Grimm, Gesamtausgabe, Leipzig o. J., S. 309.
[2] Joseph von Eichendorff, Aus dem Leben eines Taugenichts, in: Gesammelte Werke, Bd. IV, München 1913, S. 244.
[3] Johann Wolfgang von Goethe, Leiden des jungen Werthers, 1. Buch, Brief vom 26. Mai.
[4] Bruno Bettelheim, Kinder brauchen Märchen, Stuttgart 1977, S. 245.

Der Baum als Helfer und Glücksbringer

,,Aus der Erde der Sonne entgegenwachsend, ist der Baum das Abbild sicheren Glückes"[1], sagt René Magritte.

In Mythen und Märchen tritt der Baum oft als Helfer und Glücksspender auf. Nach dem Glauben der Hindus stehen im Paradies fünf herrliche Bäume, die bezaubernd duften. Der berühmteste ist der Wunschbaum Kalpavriksha. Er gewährt alle Wünsche. Die griechische Mythologie berichtet vom Garten der Hesperiden. Hier steht der Baum mit den goldenen Äpfeln, der zwar nicht alle Wünsche gewährt, aber doch den Göttern Unsterblichkeit verleiht. Herakles gelingt es, diese begehrten goldenen Äpfel, die von den drei Hesperiden und einem hundertköpfigen Drachen bewacht werden, aus dem Land der Hyperboreer zu holen.

In der nordischen Mythologie hütet die Göttin Iduna die goldenen Äpfel der ewigen Jugend. Nach der Edda erwirbt Bragi durch die Äpfel der Iduna ewige Jugend für die Götter. Doch nicht nur den Wunsch nach Unsterblichkeit erfüllen diese goldenen Äpfel, sondern auch die Sehnsucht nach Liebesglück. Hera erhält daher als Hochzeitsgeschenk goldene Äpfel. Melanion gewinnt mit ihnen die schnellfüßige Atalante zur Frau. Und Freyas Bruder, der Sonnengott Freyr, wirbt mit elf goldenen Äpfeln um die schöne Riesin Gerda. In dem Märchen *Einäuglein, Zweiäuglein, Dreiäuglein* (Grimm) bringt der Wunderbaum mit silbernen Blättern und goldenen Äpfeln der Heldin Liebesglück.

In Hauffs *Die Geschichte von dem kleinen Muck* erweisen sich zwei Feigenbäume, deren Früchte unterschiedlich wirken, als Glücksbringer. Während die Feigen des einen Baumes eine dicke, lange Nase und gewaltige Ohren verleihen, können die Früchte des anderen Feigenbaumes heilen. Indem sich Muck mit den Früchten beider Bäume reichlich eindeckt, gewinnt er Macht über die Menschen, und es gelingt ihm, von dem treulosen König seine Zauberpantoffeln und sein Zauberstäbchen zurückzugewinnen.

In dem Märchen *Von dem Machandelboom* (Grimm) wünschen sich ein reicher Mann und seine schöne fromme Frau, die sich beide sehr lieben, vergeblich Kinder. Eines Tages, im Winter, steht die Frau unter dem Wacholderbaum vor dem Haus. Sie schält einen Apfel und schneidet sich dabei in die Finger, so daß das Blut in den Schnee tropft. Da wünscht sie sich so recht wehmütig: ,,hadd ik doch en Kind, so rood as Blood un so witt as Snee!"[2] Und als sie das sagt, wird ihr so recht fröhlich zumute. Fünf Monate später fällt sie, außer sich vor Freude, unter dem Wacholderbaum auf die Knie. Und im neunten Monat schenkt sie einem Knaben, so weiß wie Schnee und so rot wie Blut, das Leben. Doch auch Nahrung und Kleidung schenkt der Baum. Der ägyptische König

Thutmosis III. wird von einem Baum genährt. Die in Guayana lebenden Karaïben erzählen sich die Sage von dem Wunderbaum Allepantepo, auf dessen Zweigen alle Früchte wachsen: Ananas, Bananen, Kassawa, Mais, Kürbisse und Yams. Da er zum Erklettern zu dick und zu glatt ist, fällen sie in dreißig Tagen schwerer Arbeit den Baum. Dann nehmen sie die Früchte und pflanzen sie auf ihren Feldern an. In diesem Mythos spiegelt sich das Erlebnis des immer wieder Früchte tragenden Baumes wider, die Faszination der Fruchtbarkeit und des Überflusses.

In dem Märchen *Die Alte im Wald* (Grimm) schließt das im Wald verlassene arme Dienstmädchen mit drei goldenen Schlüsseln, die ihm eine weiße Taube gebracht hat, drei Bäume auf. Im ersten Baum findet sie Milch und Weißbrot, im zweiten ein Bett und im dritten ,,Kleider mit Gold und Edelsteinen besetzt, so herrlich, wie sie keine Königstochter hat‘‘[3]. Diese Kleider weisen auf das zukünftige Liebesglück der Heldin mit dem erlösten Königssohn hin.

Aschenputtel wiederum erhält von dem Haselbaum ein goldenes und silbernes Kleid und mit Seide und Silber gestickte Pantoffeln. Das zweite und das dritte Kleid fallen noch prächtiger aus, und die Pantoffeln, die sie zum drittenmal vom Baum erhält, sind aus Gold. Mit dieser kostbaren Kleidung erweckt Aschenputtel die Aufmerksamkeit und die Liebe des Königssohnes.

Doch können Bäume auch noch auf andere Weise Liebesglück vermitteln. Häufig finden, wie bereits im Kapitel *Der Baum als Ort des Schutzes* erwähnt, die Heldinnen ihren zukünftigen Ehemann, einen König, unter einem Baum. Im Märchen *Der Froschkönig* (Grimm) begegnet die junge Königstochter am Brunnen unter einer alten Linde zum erstenmal ihrem zukünftigen Mann, dem in einen Frosch verwunschenen Königssohn. In dem Märchen *Das Nußzweiglein* von Ludwig Bechstein ist es ein abgebrochener ,,schöner grüner Nußzweig, daran eine Traube goldner Nüsse hing‘‘[4], der der jüngsten Kaufmannstocher zum Liebesglück verhilft. Es gelingt ihr, den Bären aus seiner Verzauberung zu erlösen. Und vor ihr steht ein schöner, junger Mann, der Fürst eines herrlichen Schlosses. Am Schluß des Märchens heißt es: ,,Die nun so hohe reiche Fürstin trug noch immer ihren schönen Nußzweig am Busen, der die Eigenschaft hatte, nie zu verwelken, und trug ihn jetzt nur um so lieber, da er der Schlüssel ihres holden Glückes geworden‘‘[5].

Doch auch zu anderen glücklichen Begegnungen kann es unter einem Baum kommen. In Hauffs Märchen *Das kalte Herz* begegnet Peter dem Glasmännlein Schatzhauser, einem guten, helfenden Waldgeist, stets unter einer Tanne. Hier darf er drei Wünsche äußern, hier erhält er Rat und Hilfe. Und in seinem *Märchen vom falschen Prinzen* bekommt der verzweifelte Sultan von einer gütigen Fee, die aus einer Zeder hervortritt, klugen Rat und kann so den echten Sohn erkennen.

L 3   Märchenbaum. Bild eines 11jährigen Jungen

In Ludwig Tiecks Erzählung *Der Runenberg* bricht Christian auf, um seinen alten Vater zu suchen. Unter einem Baum findet er ihn wieder.

ANMERKUNGEN

[1] Zitiert nach Christoph Wilhelmi, Handbuch der Symbole in der bildenden Kunst des 20. Jahrhunderts, Frankfurt am Main 1980, S. 84.
[2] Kinder- und Hausmärchen der Brüder Grimm, Gesamtausgabe, Leipzig o. J., S. 288.
[3] Ebd., S. 530.
[4] Bechsteins Märchen, Bühl/Baden 1949, S. 82.
[5] Ebd., S. 84.

Der Baum als Ort der Liebe

„Alle Blumen sind des Eros Werk, auch die Bäume hier hat er gemacht"[1], erzählt Philetas in *Daphnis und Chloe* von Longus.

Der Baum ist Treffpunkt und Zufluchtsort der Liebenden. Unter ihm schwören sie Treue und geben sich das Eheversprechen wie unter der Eberesche in dem erzgebirgischen Lied *Schie iss e' Vugl'beerbaam* oder unter der Eiche in dem Bechstein-Märchen *Siebenschön*. „Gehe du hin", sagt in diesem Märchen der von der Schönheit und der Sittsamkeit des armen Mädchens Siebenschön überwältigte Königssohn zu seinem Diener, „und bringe ihr diesen goldnen Ring von mir und sage ihr, ich habe mit ihr zu reden, sie soll abends zu der großen Eiche kommen"[2].

In die Rinde des Baumes schnitzen die Liebenden Herzen. Meist ist es die der Buche. Doch finden sich diese Zeichen der Liebe auch an anderen Bäumen, z. B. an einer Tanne in Stifters Erzählung *Der beschriebene Tännling*. „Ich schnitt in seine Rinde so manches liebe Wort", heißt es in dem bekannten Schubert-Lied von dem Lindenbaum. Doch schon Euripides machte sich über diesen

M 3 Buche mit eingeritzten Herzen. Ulm, Friedrichsau, 1983

Brauch der Liebenden lustig: „Wie oft wird der Name Cynthia in eine Rinde geschrieben"[3].

Der angenehm süße Blütenduft und die herzförmigen Blätter ließen vor allem die Linde zum Baum der Liebenden werden. Bereits die Griechen opferten unter ihr der Liebesgöttin Aphrodite. Und die Germanen verehrten in ihr Freya, die Göttin der Liebe. In Kindleben bei Gotha war der Tanz unter der Linde das sichtbare Zeichen des Bundes, den zwei Menschen geschlossen hatten. Bekannt ist Walther von der Vogelweides Liebesgedicht:

> Under der linden   an der heide,
> dâ unser zweie bette was,
> dâ mugt ihr vinden   schône beide
> gebrochen bluomen unde gras.
> Vor dem walde in einem tal,
> tandaradei,
> schône sanc´diu nahtegal.

Unter den Linden am Brunnen hält Hermann in Goethes *Hermann und Dorothea* Pferde und Wagen an, mit den Worten: „Steiget, Freunde, nun aus und geht, damit Ihr erfahrt, ob das Mädchen auch wert der Hand sei, die ich ihr biete"[4]. Und unter einem Birnbaum versucht er, Dorothea seine Liebe zu gestehen.

Manchmal allerdings werden die Liebenden bei ihrem Treffen unter dem Baum auch heimlich beobachtet. So ergeht es Tristan und Isolde in Gottfried von Straßburgs mittelhochdeutschem Versroman. Der mißtrauische König Marke hat sich in den Zweigen des Baumes versteckt, um sie zu belauschen. Doch sie bemerken sein Spiegelbild im Teich und sprechen von unverfänglichen Dingen. Der Landstörzerin Courage dagegen wird das heimliche Liebesspiel unter dem Birnbaum zum Verhängnis. Sie und ihr verheirateter Liebhaber werden von zwei im Birnbaum sitzenden Musketieren beobachtet. Da der eine sich in den Ästen bewegt, um besser sehen zu können, regnet es Birnen herab. Die Verliebten glauben an ein Erdbeben und stürzen erschreckt davon. „Es hat Birnen geerdbebt"[5], bekommt am nächsten Tag die Courage von allen Ecken der Stadt zu hören. Grimmelshausens Titelheldin muß schließlich wegen dieser entdeckten Übeltat die Stadt ohne Hab und Gut verlassen. Unter Boccaccios „Birnbaum" (7, 9) wiederum gehen Pyrrhus und Lydia ungeniert ihrem Vergnügen nach. Sie verhöhnen den armen, im Baum sitzenden Ehemann, indem sie ihm weismachen, der Birnbaum sei verzaubert und verleite zu Trugbildern. Einen ungewöhnlichen Schrecken erleben Hanne und Johann, die sich in Lessings gereimter Erzählung *Der über uns* unter einem Apfelbaum eingefunden haben. In dem Baum sitzt Hans Steffen, der ihn fleißig

M 1   Rosenbaum. Manessische Liederhandschrift, 14. Jh.
      Heidelberg, Universitätsbibliothek

plündert. Als sich Hanne und Johann aus dem Grase wieder erheben, fragt Hanne, wer denn, für den Fall, daß ihr ein Unglück widerfahre, das Kind ernähren soll. Von Johanns Antwort „Der über uns wird's schon ernähren, dem über uns vertrau!"[6] fühlt sich Hans Steffen angesprochen. Empört weist er dies Ansinnen zurück.

Auch Tizians *Nymphe und Schäfer* finden sich zu einem Liebesspiel unter einem Baume ein. Neben der Linde, dem Birn- und dem Apfelbaum haben für die Liebenden auch der Nußbaum und der Haselnußstrauch eine besondere Bedeutung.

In Robert Schumanns Lied *Es grünet ein Nußbaum vor dem Haus* flüstern die Blüten des Baumes „je zwei zu zwei gepaart, neigend, beugend zierlich zum Kusse die Häuptchen zart" von der Liebessehnsucht und -ahnung eines jungen Mädchens. Sie „flüstern vom Bräut'gam und nächstem Jahr"[7].

Und der Held *Aus dem Leben eines Taugenichts* eilt in den Garten zu den Haselnußsträuchern, nachdem er unerwartet einen Brief mit dem ersehnten Liebesgeständnis erhalten hat. „Dort warf ich mich unter den Haselnußsträuchern ins Gras", heißt es in Eichendorffs Novelle, „und las das Briefchen noch einmal, sagte die Worte auswendig für mich hin und las dann wieder und immer wieder, und die Sonnenstrahlen tanzten zwischen den Blättern hindurch über den Buchstaben, daß sie sich wie goldene und hellgrüne und rote Blüten vor meinen Augen ineinanderschlangen"[8].

Der Apfel ist ein altes Liebes- und Fruchtbarkeitssymbol. Da die Gestalt der Birne an weibliche Formen erinnert, interpretiert sie die psychoanalytische Traumdeutung oft sexuell. Viele Birnen deuten im Volksglauben auf reichen Kindersegen. Fruchtbarkeitssymbole sind auch Walnuß und Haselnuß. In Bayern und in Südtirol empfahl man daher den jung Verheirateten, viele Nüsse zu essen. In der Steiermark sagte man, daß bei einer reichen Nußernte im nächsten Jahr viele Knaben geboren werden.

Apfel- und Birnbaum dienten früher als Liebesorakel. Der Apfelbaum beantwortete die Fragen der jungen Männer, der Birnbaum die der Mädchen. Um Mitternacht in den Nächten zwischen Weihnachten und Neujahr „schlichen sich die Mädchen zum alten Birnbaum hinter dem Hof. Sie schlüpften aus ihren Holzschuhen und warfen sie auf den Baum. Blieb der Schuh an einem Zweig hängen"[9], bedeutete dies, daß im nächsten Jahr ein schöner Freier an ihnen hängenbleiben würde.

Als Liebesorakel diente auch der Nußbaum. In Oberösterreich warf das heiratslustige Mädchen Stäbe in die Nußbaumzweige. Blieb ein Stab hängen, stand noch im gleichen Jahr die Heirat bevor. Im Zusammenhang mit dem Liebesorakel ist schließlich noch der Kirschbaum zu erwähnen. Von ihm schneiden sich die jungen Mädchen in Mitteleuropa am 4. Dezember, dem Barbaratag, Zweige ab und stellen sie ins Wasser. Wenn die Kirschzweige bis Weihnachten aufblühen, bedeutet dies Glück und baldige Heirat.

ANMERKUNGEN

[1] Longus, Daphnis und Chloe, Illustrationen von Marc Chagall, München 1982, S. 72.
[2] Bechsteins Märchen, Bühl/Baden 1949, S. 189.
[3] Zitiert nach: Badisches Staatstheater Karlsruhe, Schauspiel-Heft 8, 1977/78, S. 1.
[4] V. Gesang, Vers 161 f.
[5] H. J. Christoffel von Grimmelshausen, Die Landstörzerin Courage, Wiesbaden 1979, 25. Kapitel, S. 112.
[6] Lessings Werke in fünf Bänden, hrsg. von den Nationalen Forschungs- und Gedenkstätten der klassischen deutschen Literatur in Weimar, Berlin 1964 V, S. 108.
[7] Die Klassiker des Deutschen Liedes II, hrsg. von Hans Joachim Moser, Frankfurt/M. o. J., S. 11 ff.
[8] Joseph von Eichendorff, Aus dem Leben eines Taugenichts. Gesammelte Werke IV, München 1913, S. 283 f.
[9] Susanne Fischer, Blätter von Bäumen, Frankfurt/M. o. J., S. 31.

Der Baum als Ort des Todes

Wie viele Symbole ist auch das Baumsymbol ambivalent. So verwundert es nicht, daß der Baum in den Mythen der Völker nicht nur Geburts-, sondern auch Todesstätte, nicht nur Lebens-, sondern auch Todesbaum ist. Aus seinem Holz wird nicht nur die Wiege, sondern auch der Sarg gezimmert.

Nach dem christlichen Glauben ist Christus der „am Todesholz von Golgatha Hängende". Erst durch seinen Tod wird er zum Symbol der Auferstehung und des ewigen Lebens. Judas erhängt sich nach seinem Verrat an Christus an einem Baum. Absalom, der sich bereits zu Lebzeiten seines Vaters zum König gemacht hat, wird in einer Schlacht besiegt. Er flieht auf einem Maultier. Auf seiner Flucht bleibt er mit seinen langen Haaren an einer Terebinthe (Eiche) hängen. Zwischen Erde und Himmel schwebend, wird er von Joab und seinen Waffenträgern durchbohrt. Dieses Motiv fand nicht nur in der Kunst seinen Niederschlag, sondern regte auch Rilke zu dem Gedicht *Absaloms Abfall* an. In ihrer Erzählung *Die drei Bäume* schildert Anna Seghers, wie der Prophet Jesaias in einer Zeder, in die er sich zuvor geflüchtet hat, von Holzfällern zersägt wird. Apollo hängte seinen Rivalen Marsyas an einer Platane auf: der Flötenspieler Marsyas hatte den Gott zu einem Wettstreit herausgefordert. Die Musen sollten Schiedsrichter sein. Diese unterstanden jedoch Apollo. Nach seinem Sieg band Apollo Marsyas an eine Platane und zog ihm bei lebendigem Leib die Haut ab; eine Szene, die Tintoretto und Tizian zu Gemälden inspirierte.

Nach der Legende wird auch der heilige Sebastian, der unter Diokletian Hauptmann in der Prätorianergarde war, an einen Baum gefesselt und von den Pfeilen heidnischer Schützen durchbohrt. In Callots Radierung *Das Martyrium des heiligen Sebastian* wird aus dem Baum ein Pfahl. Der Pfahl steht im leeren Raum der Bildmitte. Zuschauer und Soldaten umstehen ihn in weitem Bogen. Siegfried, dem Helden des Nibelungenliedes, wird die Linde zum Schicksals- und Todesbaum. Als er sich im Drachenblut badet, um Unverwundbarkeit zu erlangen, fällt ihm ein Lindenblatt zwischen die Schultern und verhindert dies. Als ihm Hagen den Speer an dieser Stelle in den Rücken stößt, finden wir ihn wieder unter einer Linde, wo er sich niedergelassen hat, um aus der Quelle, die sie beschattet, zu trinken. Seinen Speer aber, mit dem er getötet wird, hat er zuvor an diese Linde gelehnt. Auch in Meyerbeers Oper *Die Afrikanerin* begegnet uns ein Totenbaum. Die Königin Selica begeht Selbstmord, indem sie die giftigen Düfte des Manzanillo-Baumes einatmet. Zuvor sind zum Tode verurteilte Gefangene zu diesem Baum geführt worden.

Ein Todes- und Höllensymbol ist der schwarze Mastbaum mit dem roten Segel auf dem Holländerschiff in Wagners Oper *Der fliegende Holländer*.

N 1   Absaloms Tod. Heilsspiegel, 2. Hälfte 14. Jh.
Karlsruhe, Badische Landesbibliothek

In Annette von Droste-Hülshoffs Novelle *Die Judenbuche* wird der Baum zur Richt- und Todesstätte. Dreimal wird er zum Schicksals- und Vollstreckungsort. Friedrichs Vater, der sich oft betrunken und seine Frau viel geschlagen hat, verunglückt tödlich unter einer alten Eiche. Der Jude Aron, der Friedrich beleidigt hat, wird von Friedrich unter einer großen, alten Buche ermordet. Arons jüdische Mitbürger aber ritzen in hebräischer Schrift in die Rinde der Buche: ,,Wenn du dich diesem Orte nahest, so wird es dir ergehen, wie du mir getan hast''[1]. Friedrich gelingt es zu fliehen. Erst im Alter kehrt er unter anderem Namen in seine Heimat zurück und bleibt unerkannt. Doch findet er keine Ruhe. Eines Tages entdeckt man ihn – erhängt in der Judenbuche. Diese Novelle geht auf eine wahre Begebenheit zurück. Sie ereignete sich 50 Jahre zuvor in einem abgelegenen Bergdorf des Paderborner Landes.
In Anna Seghers' *Das siebte Kreuz* werden sieben Bäume verstümmelt und zu Todesbäumen bestimmt. Der Roman beginnt: ,,Vielleicht sind in unserem Land noch nie so merkwürdige Bäume gefällt worden wie die sieben Platanen

N 4   Judas hat sich an einem Baum erhängt. Titelkupfer. Abraham a Sancta Clara,
Judas Der Ertz-Schelm I, Salzburg 1686

N 3   Siegfrieds Tod unter einer Linde

auf der Schmalseite der Baracke III. Ihre Kronen waren schon früher gekuppt worden aus einem Anlaß, den man später erfahren wird. In Schulterhöhe waren gegen die Stämme Querbretter genagelt, so daß die Platanen von weitem sieben Kreuzen glichen." Der Kommandant des Konzentrationslagers Westhofen hat die Verwandlung der Platanen in Todesbäume befohlen, nachdem sieben Häftlinge eines Außenkommandos geflüchtet sind. Sechs werden ergriffen und hingerichtet. Das siebte Kreuz aber bleibt leer, weil einem die Flucht glückt. Den Lagerhäftlingen wird es zum Symbol der Hoffnung.

In Kriegen wurde der Baum auch oft als Todesbaum mißbraucht. In seiner berühmten Kriegsfolge *Les Misères et les Malheurs de la Guerre* (1633) schildert Jacques Callot die Leiden der Bevölkerung. In seiner Radierung *Der Galgenbaum* sehen wir an den Ästen eines Baumes 20 Tote hängen. Die am Baume lehnende Leiter deutet auf weitere Hinrichtungen. Auf einer der letzten Sprossen steht ein Verurteilter, der von einem Geistlichen die Absolution erhält. Dieses Blatt war 1632/33 unter dem Eindruck der Kriegsereignisse entstanden, als französische, schwedische und kaiserliche Truppen in Lothringen einfielen. Auch in Deutschland wurden während der Bauernkriege die geschlagenen Bauern reihenweise an die unteren Äste großer Eichen geknüpft. Die Grausamkeit des Krieges gestaltete auch Goya in seiner Radierfolge *Die Schrecken des Krieges* (Los desastres de la guerra). In diesen 1812–1815 entstandenen Kriegsszenen schildert er, wie erbarmungslos im Unabhängigkeitskrieg französische Soldaten mit der Zivilbevölkerung umgingen. Unschuldige Bürger wurden aufgehängt, nur weil man sie verdächtigte, Aufständische zu sein. Immer wieder zeigt Goya verstümmelte Menschen an verstümmelten Bäumen. Der verstümmelte Baum ist hier mehr als nur Todesbaum: er ist Symbol des verstümmelten Menschen.

Doch kann der Baum auch noch auf ganz andere Weise zum Ort des Todes werden. Immer wieder werden Menschen durch Blitzschlag unter Bäumen getötet. Immer wieder passiert es bei Unwettern, daß stürzende Bäume oder herabfallende Äste Menschen erschlagen. In seinem Roman *Ein Kind unserer Zeit* schreibt Ödön von Horváth: ,,Es wächst ein Baum, ein toter Baum." Und ebenso visionär heißt es: ,,In den Bäumen tickt eine Uhr – schlaf nur nicht ein!"[2] Kurz nach Vollendung des Romans, im Mai 1938, wurde Ödön von Horváth auf den Champs-Elysées von einem im Sturm umstürzenden Baum erschlagen; es war eine hohle, vermorschte Kastanie, der man offenbar nicht angesehen hatte, daß sie tot war.

ANMERKUNGEN

[1] Annette von Droste-Hülshoff, Die Judenbuche, Stuttgart 1923, S. 86.
[2] Ödön von Horváth, Ein Kind unserer Zeit, in: Zeitalter der Fische, München 1965, S. 170.

Der Baum als Ort der Kommunikation

Der Baum ist auch ein Ort der Kommunikation. Unter ihm wurden Beratungen und Versammlungen gehalten, Gerichtsverhandlungen geführt und Feste gefeiert. Bevorzugter Baum ist dabei die Linde.

Die Bibel erzählt von Abraham, daß er in Beer-Seba eine Tamariske pflanzte und so eine Versammlungs- und Predigtstätte schuf (Gen 21, 33). Die Schweizer hielten Kriegsrat unter der Linde zu Münchweiler bei Murten, ehe sie 1476 gegen Karl den Kühnen von Burgund zu Felde zogen. Und aus Freude über ih-

O 1   Rat von Mülhausen unter der Gerichtslinde. Luzerner Chronik des
Diebold Schilling, 1513. Luzern, Zentralbibliothek

ren Sieg pflanzten sie danach eine Linde auf den Marktplatz von Freiburg. Auch die Basler schlossen ihren Bund mit Mülhausen am 15. Juni 1506 unter einem Baum, wie wir der Luzerner Chronik des Diebold Schilling entnehmen können. Schiller las seinen vertrauten Kameraden unter einem Baum im Stuttgarter Bopserwalde aus den *Räubern* vor. Bei der Versammlung der Schwarzwaldbauern in Herrischried in Scheffels *Trompeter von Säckingen* wird die Erhebung gegen den Waldvogt beschlossen. Während Scheffel die Versammlung nur auf dem Marktplatz stattfinden läßt, ohne dabei einen Baum zu erwähnen, stellt sie der Illustrator Anton von Werner unter einem Baum dar.

Die Linde, Freyas Baum, war für die Germanen auch der Gerichtsbaum, unter dem sie ihre Gerichtsverhandlungen und Thingversammlungen abhielten. Die Linde besaß für sie Weissagungs- und Heilkraft. Sie glaubten, daß durch Freyas Baum die Wahrheit ans Licht komme. Später hat man diese der germanischen Göttin geweihten Bäume dann christianisiert, indem man Marienbilder daran hängte.

In manchen Orten wurde auch die Eiche zum Gerichtsbaum. Markantestes Beispiel dafür ist die etwa 1500 Jahre alte Feme-Eiche von Erle im Münsterland. Unter ihrem schon damals mächtigen Wipfel – der Baum war schon zwei- bis dreihundert Jahre alt – richtete Karl der Große ein Grafengericht ein. Das Gericht nahm auf einer großen Steinplatte, dem Freistuhl, Platz. Im hohen Mittelalter tagte hier ein westfälisches Femgericht, das sich aus acht freien Männern zusammensetzte und zum geheimen Gericht wurde. Das 16. Jahrhundert brachte das Ende des Femgerichts. Acht Jahrhunderte lang war unter dieser Eiche Gericht gehalten worden; obwohl ausgehöhlt und schwer beschädigt, grünt sie noch heute.

Eine Gerichtseiche fordert auch Richard Wagner in den Regieanweisungen des 1. Aktes seiner Oper *Lohengrin.* In der Bühnenbildgestaltung wurde sie bis zum Neubayreuther Stil realisiert.

Die Thingbäume standen meist auf dem Marktplatz, bei einer Burg oder auf einer Anhöhe. Zahlreiche Urkunden belegen dieses Gericht unter freiem Himmel. Bis 1784 wurde z. B. unter der Hofgerichtslinde zu Rottweil/Neckar Gericht gehalten.

Vor allem jedoch war die Linde ein Ort der Freude und des Friedens. ,,Unter den Linden pflegen wir zu singen, trinken und tanzen und fröhlich zu sein'', sagt Martin Luther, ,,denn die Linde ist uns ein Freude- und Friedebaum''[1]. Zum Baum der Liebes- und Fruchtbarkeitsgöttin Freya zog es auch die Tanzlustigen. Viele Linden wurden so gestuft, daß in ihnen ein Gerüst für die Tanzenden oder die Musikkapelle errichtet werden konnte. Die Limmersdorfer Stufenlinde ist die einzige Linde, in deren Geäst noch heute getanzt wird. Der Tanz in der Linde findet am letzten August-Sonntag zur ,,Lindenkerwe'' statt.

O 5   Schiller liest unter einem Baum aus den „Räubern" vor. Aquarell nach der Skizze
Victor Heideloffs

In Peesten bei Kulmbach wurde die Tanzlinde von 12 Steinsäulen gestützt. Eine Wendeltreppe von 22 Stufen führte auf die Tanzfläche im Baum. Man tanzte nicht nur in der Linde, sondern auch um die Linde. Hieronymus Bock zeigt uns in seinem *Kreutterbuch* einen Dudelsackpfeifer, der den tanzenden Paaren unter der Linde aufspielt. Und in Eichendorffs *Aus dem Leben eines Taugenichts* heißt es: „bald darauf sah ich . . . einen schönen, grünen Platz, auf dem viele Kinder lärmten und sich um eine große Linde herumtummelten, die recht in der Mitte stand. Weiterhin an dem Platze war ein Wirtshaus, vor dem einige Bauern um einen Tisch saßen und Karten spielten und Tabak rauchten. Von der anderen Seite saßen junge Burschen und Mädchen vor der Tür . . . Ich besann mich nicht lange, zog meine Geige aus der Tasche und spielte schnell einen lustigen Ländler auf, während ich aus dem Walde hervortrat . . . Als ich aber so bis zu der Linde gekommen war und mich mit dem Rücken dranlehnte und immerfort spielte, da ging ein heimliches Rumoren und Gewisper unter den jungen Leuten rechts und links, die Burschen legten endlich ihre Sonntagspfeifen weg, jeder nahm die seine, und eh ichs mir versah, schwenkte sich das junge Bauernvolk tüchtig um mich herum . . ."[2]. Den Tanz um die Linde gibt es heute nur noch sehr selten. Doch läßt seit 65 Jahren der Karlsruher Weststadt-Bürgerverein das Lindenblütenfest zu einem jährlichen Symbol der Lebensfreude und Zusammengehörigkeit werden.

Auf der Rundbank um die Dorflinde traf man sich abends auch zum Gespräch. „Wo wir uns finden, wohl unter Linden", heißt es in dem Volkslied *Kein schöner Land in dieser Zeit.* Heute sitzt man abends statt dessen isoliert vor dem Fernsehgerät. Doch lebt der kommunikative Aspekt der Linde und anderer Bäume, unter denen man sich traf, in den Namen zahlreicher Wirtshäuser fort. Überall finden wir noch heute Gaststätten mit Namen wie *Alte Linde, Zur Linde, Unter den Linden, Grüner Baum,* in Süddeutschland auch *Bäumle.*

ANMERKUNGEN

[1] Aloys Bernatzky, Baum und Mensch, Frankfurt/M. 1973, S. 143.
[2] Joseph von Eichendorff, Aus dem Leben eines Taugenichts, in: Gesammelte Werke IV, München 1913, S. 248 f.

O 6   Tanz um die Linde. Hieronymus Bock, Kreütterbuch, Straßburg 1577

Der Festbaum

Bäume und Zweige gehörten schon in der Frühzeit zum wesentlichen Bestandteil aller Feste, galten sie doch als Lebensquelle und Lebensbewahrer, die nicht nur Fruchtbarkeit und Gesundheit spendeten, sondern auch Übel abwendeten. Bräuche, den Baum als Festbaum zu schmücken und ihn zu umtanzen, gehen zum Teil weit in die Antike zurück.

Maibaum

Der älteste und am weitesten verbreitete Festbaum ist der Maibaum. Wir finden ihn in der griechisch-römischen Antike ebenso wie bei Germanen und Kelten, in Osteuropa, Mexiko, Afrika und Indien. Es kann nicht überraschen, daß bei so langer Tradition und bei so weiter Verbreitung sich verschiedene Maibaum-Bräuche entwickelten. Der Maibaum begegnet uns vor allem als Symbol des Frühlings und der wiedererwachenden Natur, aber auch als Zeichen von Liebe und Verehrung sowie als Heilsbringer und Glückssymbol für Gesundheit, Fruchtbarkeit und Segen.

Am ältesten scheint der Brauch zu sein, Häuser und Ställe zum Schutz vor Krankheit und anderen Übeln mit jungen Bäumen zu schmücken, wie Griechen und Römer es taten. Daß man sich von jungem, frischem Grün eine besondere Heilkraft erhofft, liegt nahe. Wenn die Natur erwacht und ihre Vitalität neu entfaltet, mag sie diese auch auf Mensch und Vieh übertragen. So wurden das Suchen und Einholen des „Maien" (quaerere Majum) und die Berührung mit ihm wichtig. Kein Baum wirkt im Frühling so zart und frisch wie die Birke oder die Tanne (Fichte) mit ihren jungen, hellgrünen Trieben. In ihnen hat der Frühling Gestalt gewonnen, mit ihnen als Maibaum holt man die zu neuem Leben erwachte Natur ins Dorf oder vor das Haus der Liebsten. Denn der Maibaum mit seinem zarten, frischen Grün ist auch ein Zeichen der jungen Liebe. Daher war es an vielen Orten üblich, daß die Burschen dem geliebten Mädchen einen Maibaum vor das Haus oder auf das Dach setzten, was sogar als Heiratsantrag gelten konnte. In einigen süddeutschen Orten, wie z. B. in Horb am Neckar-Grünmettstetten, ist es heute noch Brauch, daß junge Burschen Maibäumchen mit bunten Bändern auf die Dächer der Häuser ihrer Mädchen setzen. Dies geschieht in der Nacht zum 1. Mai. Das Bäumchen bleibt dann den ganzen Monat auf dem Dach stehen. Häufig wurde auch dem Brautpaar ein Maibaum gewidmet, der vor dem Haus stand, bis das erste Kind geboren war. Blieb die Ehe kinderlos, ließ man ihn stehen, so daß sich der Baum in ein Zeichen des Makels verwandelte, denn Kinderlosigkeit galt lange als Makel.

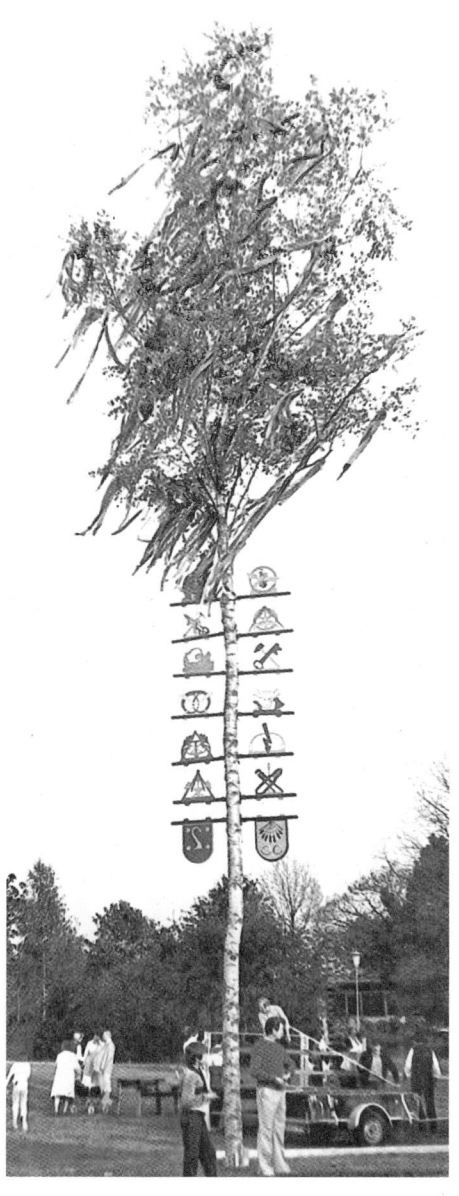

P 1   Erklettern des Maibaumes.
Holzstich, 19. Jh.

P 2   Maibaum in Bad Schönborn, 1983

Von besonderer Bedeutung und Festlichkeit ist der von der ganzen Gemeinde errichtete Maibaum. Auch der Dorfmaie gilt als Vertreter des Frühlings- und Sommersegens. Der Brauch, einen Maibaum für das Dorf zu errichten, ist in Deutschland bereits 1225 (Aachen) nachgewiesen, doch kannten ihn schon die Germanen. Das Einholen des Maibaums war eine heilige Handlung. Tacitus berichtet, daß die Germanen den Baum auf einem heiligen Wagen, der von Rindern gezogen wurde, aus dem Walde holten (Germania cap. 40). Später entwickelten sich dabei verschiedene Bräuche: manchmal wurde der Baum bei Nacht geholt, zum Teil zu genau vorgeschriebener Uhrzeit; manchmal mußte ihn ein Bursche allein schlagen, manchmal zogen alle Mädchen und Burschen des Dorfes fröhlich singend in den Wald, manchmal war es allein Aufgabe der Jungfrauen, den Maibaum zu holen. Manchmal war auch nur ein gestohlener Maibaum ein richtiger Maibaum.

Fast immer ist der Maibaum eine Fichte oder eine Tanne. Ihr Stamm wird entästet und geschält, um Hexen und Dämonen daran zu hindern, sich zwischen Stamm und Rinde festzusetzen. An der Spitze wird meist eine junge Birke oder ein Kranz befestigt. Einen Maibaum mit zwei Kränzen und einem Baumwipfel zeigt Salomon van Ruisdael in seinem Gemälde *Fest unter dem Maibaum* (1655). Oft läßt man auch den Wipfel der Fichte unbeschädigt, denn dieser gilt als eigentlicher Träger des Segens. Birke, Kranz oder Fichtenwipfel werden mit bunten Bändern geschmückt, oft auch mit Blumen, allerlei Flitterwerk, Brezeln, Würsten und Kuchen sowie mit bunten Eiern und anderen Fruchtbarkeitssymbolen, während am Stamm die Zeichen der am Ort vertretenen Handwerke angebracht sind.

Um den Maibaum entwickelten sich zahlreiche Spiele und Tänze, so das Wettklettern der Burschen, ein Spiel, bei dem der Sieger alle Gaben erhält, die er sich aus der Krone holen kann, oder der Bändertanz, bei dem die Mädchen bunte Bänder in die Hand nehmen und damit um den Maibaum tanzen. In Friesland brachte jedes junge Mädchen eine Kerze für den Maibaum mit. Abends tanzte man dann um den beleuchteten Baum.

Auch heute noch werden in vielen süddeutschen und österreichischen Orten Maibäume aufgestellt und umtanzt. Dabei ist es vor allem die Jugend, die im Tanz um den Maibaum den Frühling feiert.

Wenn die Maifeiern vorüber sind, läßt man in manchen Orten den Maibaum stehen und erneuert im folgenden Jahr nur die Spitze. Früher war es auch oft Brauch, den Maibaum während der Sonnenwendfeier zu verbrennen und seine Asche über die Fluren zu streuen, um die Fruchtbarkeit im kommenden Jahr zu sichern.

P 4 Richtbaum. Ulm 1983

Richtbaum

Eng im Zusammenhang mit dem Maibaum ist der Richtbaum oder der Richtmai zu sehen. Auch das Richtfest und der Richtbaum sind alte Bräuche. Früher wurde mit dem Bau eines Hauses unmittelbar nach der Schneeschmelze begonnen. Da die Dorfgemeinschaft unentgeltlich mithalf, stand das Haus im Mai. Das Richtfest ist ein Fest für alle, die beim Bau mitgeholfen haben. Doch wird es nicht gefeiert, wenn das Haus fertig, sondern nach Abschluß der Zimmerarbeiten, wenn der Dachstuhl aufgerichtet ist. Deshalb spielen auch später, als Handwerker und nicht mehr Dorfbewohner das Haus bauen, die Zimmerleute die wichtigste Rolle beim Richtfest. Der Richtbaum wird am aufgeschlagenen Dachfirst angebracht. Meistens ist es eine junge Tanne (Fichte), Birke oder Buche, die mit bunten Bändern oder Taschentüchern, in die manchmal auch Geldstücke eingebunden werden, geschmückt wird. Häufig findet man an Stelle des Baumes auch eine an der Stange aufgezogene Richtkrone oder einen Richtkranz aus Tannenzweigen. Sie werden ebenso geschmückt. Manchmal werden in sie sogar noch Blumen geflochten. Sie haben die gleiche Bedeutung wie der Richtbaum. Denn ob Baum, Krone oder Kranz – stets handelt es sich um ein Symbol des Wachstums. So wie der Maibaum als Zeichen der wiedererwachten Natur der Dorfgemeinschaft Gesundheit und Glück bringen soll, soll auch der Richtbaum dem Haus und seinen Bewohnern Schutz, Glück und Segen bringen. Mannhardt bezeichnet ihn als „Genius des Wachstums", „der als guter Hausgeist allezeit über der neuen Wohnstätte walten soll"[1]. Die vom Bauherrn in die bunten Tücher eingebundenen Münzen drücken den Wunsch aus, daß es den künftigen Hausbewohnern niemals an Geld fehlen möge. An die sogenannte Baupredigt des Zimmermeisters, die mit den Segenswünschen für das Haus und seine Bewohner endet, schließt sich ein feucht-fröhliches Gelage an. Während des Festes oder auch danach pflücken sich auch heute noch manchmal die Gäste die bunten Tücher oder Bänder vom Baum, oder sie werden an sie verteilt.

Freiheitsbaum

Der Freiheitsbaum als Festbaum hat verschiedene Vorfahren – vor allem die Dorflinde und den Maibaum. Als politisches Symbol erscheint er zum erstenmal 1765 in Boston in Gestalt einer hundertjährigen Ulme, an die junge Burschen aus Protest gegen die von Großbritannien verfügte Stempelsteuer zwei Strohpuppen hängten. Diese stellten den Gouverneur und den Steuereintreiber dar. Im folgenden Jahr feierte man unter der Ulme ein Freudenfest, nach-

P 5   1790 errichten die Jakobiner in Paris den ersten Freiheitsbaum   ▷

dem die Stempelsteuer widerrufen worden war: der „tree of liberty" war geboren. Von Massachusetts aus breitet sich die Fichte als Freiheitssymbol im Kampf gegen die Briten aus und wird 1775 in die Gösch der britischen Fahnen – unter denen die Siedler damals noch kämpften – gesetzt (Bunker Hill Flag). In Frankreich tauchen Freiheitsbäume erst im Mai 1790, ein Jahr nach Beginn der Revolution, auf, und auch da zunächst nur vereinzelt, denn ursprüngliches Freiheitssymbol der Revolution waren die phrygische Mütze und die Trikolore, vor allem auch in der Form der Kokarde. Die Republik aber bedurfte eines neuen, zusätzlichen Freiheitssymbols, und das wurde der Freiheitsbaum. So sollen schon 1792 nicht weniger als 60 000 junge Bäume – meistens Eichen oder Pappeln, letztere wahrscheinlich wegen des Anklangs von *peuplier* an *peuple* – gepflanzt worden sein. Und im Januar 1794 verfügte der Nationalkonvent per Dekret, daß jede Gemeinde einen Freiheitsbaum zu pflanzen und zu pflegen habe.

Inzwischen aber hatte der „arbre de la liberté", der manchmal nur aus einer mit bunten Bändern geschmückten Stange bestand und wahrscheinlich immer mit einer Jakobinermütze gekrönt war, die Grenzen Frankreichs längst überschritten. So lesen wir im sechsten Gesang von Goethes *Hermann und Dorothea:* Drauf begann der Krieg, und die Züge bewaffneter Franken

> Rückten näher; allein sie schienen nur Freundschaft zu bringen.
> Und sie brachten sie auch: denn ihnen erhöht war die Seele
> Allen; sie pflanzten mit Lust die munteren Bäume der Freiheit,
> Jedem das Seine versprechend und jedem die eigene Regierung.
> Hoch erfreute sich da die Jugend, sich freute das Alter,
> Und der muntere Tanz begann um die neue Standarte.
> (VI, Vers 21–27)

Auch die Deutschen pflanzten nun Freiheitsbäume; so die Mainzer „Klubisten", die 1792, nach der Eroberung der Stadt durch die Revolutionsarmee, unter Georg Forster eine franzosenfreundliche Regierung bildeten. 1793, nach Rückeroberung der Rheinlande durch die Reichstruppen und Wiederherstellung der alten Ordnung, mußten sie an manchen Orten die Freiheitsbäume unter militärischer Bewachung selbst wieder ausgraben[2].

Zur Zeit Napoleons ebenso verfemt und verfolgt wie im Zeitalter der Restauration, kehrt der Freiheitsbaum in allen folgenden Erhebungen und Revolutionen wieder – 1832 auf dem Hambacher Fest, im März 1848 in Berlin, 1830, 1848 und 1870 in Frankreich. Danach erlischt diese Tradition.

Christbaum

Der beliebteste und am meisten besungene Festbaum ist der Christbaum. Jahr für Jahr rühmen die Weihnachtslieder *O Tannenbaum* und *Am Weihnachtsbaum*

die Lichter brennen seine Schönheit. Er ist auch Mittelpunkt vieler Weihnachts-
erzählungen, z. B. in Dostojewskis *Der Christbaum armer Kinder,* in Charles
Dickens' *Ein Christbaum,* in Andersens *Der Tannenbaum* und in Storms *Unter
dem Tannenbaum.* Und doch ist der Weihnachtsbaum erst seit dem 19. Jahrhundert ein allgemeiner Brauch. Die erste Beschreibung eines geschmückten
Christbaums finden wir 1605 in der Schilderung einer elsässischen Reise:
,,Auff Weihnachten richtet man Dannenbäum zu Strasburg in den Stuben
auff, daran hencket man roßen auß vielfarbigem Papier geschnitten, Aepfel,
Obladen, Zischgold, Zucker. Man pflegt darum ein viereckent ramen zu machen"[3].
Als man im 15./16. Jahrhundert im Elsaß und im Schwarzwald die ersten geschmückten Weihnachtsbäume aufstellte, versuchte die Kirche vergeblich,
diesen heidnischen Brauch zu unterbinden. Denn der Weihnachtsbaum hat
wahrscheinlich seinen Ursprung in den Maien(zweigen), die unsere Vorfahren in vorchristlicher Zeit in den sogenannten Rauhnächten ins Haus holten.
Dies jedenfalls ist unter den vielen Theorien über seine Herkunft die am weitesten verbreitete. In den zwölf Rauhnächten (25. Dezember bis 6. Januar), in denen die Sonne ihren tiefsten Stand erreicht hat, fürchtete man die Umtriebe
böser Geister. Zur Feier der Wintersonnenwende schlug man daher grüne
Zweige und hängte sie als Schutz- und Abwehrmittel in den Häusern auf.
Auch Kerzen zündete man an, um die Mächte der Finsternis zu vertreiben.
Nicht zuletzt sollte mit dem Grün im Winter der Sommer beschworen werden.
Die immergrünen Zweige – in Ostpreußen waren es Tannen-, in anderen Tei-
len Deutschlands Stechpalmen-, Buchsbaum-, Eiben- oder Efeuzweige – soll-
ten den Menschen Glück und Segen bringen und den Tieren Fruchtbarkeit
verleihen. Daher wurden sie nicht nur in den Wohnräumen, sondern auch an
Stalltüren angebracht. Wintergrün und Licht sind Sinnbilder des Lebens. Sie
führten in ihrer Verbindung zum Lichterbaum, unserem Weihnachtsbaum.
Durch die Reformatoren wurde dann die mit Lichtern geschmückte Tanne zum
Weihnachtssymbol der Protestanten erklärt. 1765 beschreibt Goethe einen
Weihnachtsbaum in Leipzig, der im Hause der Großeltern von Theodor Körner
stand: „. . . mit allerlei Süßigkeiten war er behangen, darunter Lamm und
Krippe mit zuckernem Christkind. Davor stand ein Tischchen mit Pfeffer-
kuchen für die Kinder"[4]. Und als Werther am letzten Sonntag vor Weihnachten Lotte besucht und sie damit beschäftigt findet, Geschenke für ihre
kleinen Geschwister zu richten, redet er „von den Zeiten, da einen die uner-
wartete Öffnung der Tür und die Erscheinung eines aufgeputzten Baumes
mit Wachslichtern, Zuckerwerk und Äpfeln in paradiesische Entzückung
setzte"[5].
Ende des 18. Jahrhunderts hatte sich dann der Brauch, einen geschmückten

P 7   Christbaum. Oblate, 19. Jh.

104

Christbaum aufzustellen, an den protestantischen Höfen und in den protestantischen Reichsstädten eingebürgert.

Im deutsch-französischen Krieg 1870/71 ordnete König Wilhelm I. für seine Soldaten zahlreiche Weihnachtsbäume an. Die Tanne war im 19. Jahrhundert zum Sinnbild des Deutschtums geworden. Gleichzeitig wurde der Weihnachtsbaum ein Weihnachtssymbol beider Kirchen, gibt er doch für sie einen Hinweis auf Christus als *den* Lebensbaum. Für die Christen wird daher der Weihnachts- zum Christ-Baum, dessen Lichter das in Bethlehem geborene „Licht der Welt" symbolisieren.

Heute ist der Christbaum in den meisten europäischen Ländern und in Amerika Brauch. In London auf dem Trafalgar Square steht der bekannteste Weihnachtsbaum – ein Geschenk, das jährlich aus Norwegen geschickt wird und an den gemeinsamen Kampf und Widerstand gegen Hitler erinnern soll.

ANMERKUNGEN

[1] Wilhelm Mannhardt, Wald- und Feldkulte I, 2. Aufl., Berlin 1904, S. 221.
[2] Bildarchiv Preußischer Kulturbesitz, Geschichte Frankreichs, 18. Jh., Nr. 3049.
[3] Zitiert nach Susanne Fischer, Blätter von Bäumen, Frankfurt/M. o. J., S. 155.
[4] Ebd.
[5] Johann Wolfgang von Goethe, Auswahl in drei Bänden I, Leipzig 1956, S. 459.

Anhang

A   Der Weltenbaum

A 1   „Eine Esche weiß ich stehen . . .'' Völuspa, Str. 19

Die Edda. Germanische Göttersagen aus erster Hand, Übersetzung Karl
Simrock, Wien 1981, S. 183.
Karlsruhe, Badische Landesbibliothek, Signatur: 81 A 8132.

A 2   Weltenesche Yggdrasil   *Abb. S. 8*

Zeichnung.
Joseph Henry Philpot, The Sacred Tree, London 1897, S. 115.

A 3   Menora

Holzschnitt 1493.
Hartmann Schedel, Weltchronik, Deutsche Ausgabe, Nürnberg 1493,
Bl. 32^{r}.
Karlsruhe, Badische Landesbibliothek, Signatur: Kb 22.

A 4   Menora vor der Knesseth, dem Parlament Israels

Fotografie 1983.

A 5   Weltenbaum auf einer isländischen Schamanentrommel

Alexander Eliot u. a., Mythen der Welt, Luzern 1976, S. 77.
Karlsruhe, Badische Landesbibliothek, Signatur: 76 B 1623.
Der Weltenbaum erhebt sich aus der Unterwelt über die von Menschen,
Tieren und Bäumen belebte Erde bis in den Himmel.

A 6   Sibirischer Weltenbaum

Alexander Eliot u. a., Mythen der Welt, Luzern 1976, S. 111.
Karlsruhe, Badische Landesbibliothek, Signatur: 76 B 1623.
Tiere, u. a. Hirsche, Vögel und Fische, umgeben neben kosmischen Dar-
stellungen den Weltenbaum.

A 7   Vier altmexikanische Weltenbäume

Mayer Fejérváry Codex, Mixtec, Mexico, vor 1350. Liverpool, Merseysi-
de County Museum.
Gerda Gollwitzer, Bäume. Bilder und Texte aus drei Jahrtausenden,
Herrsching 1980, S. 57.
Karlsruhe, Badische Landesbibliothek, Signatur: 80 B 1901.
In dieser altmexikanischen Handschrift werden in den vier Außenfel-
dern die vier Welten der vergangenen Zeitalter dargestellt. In den vier

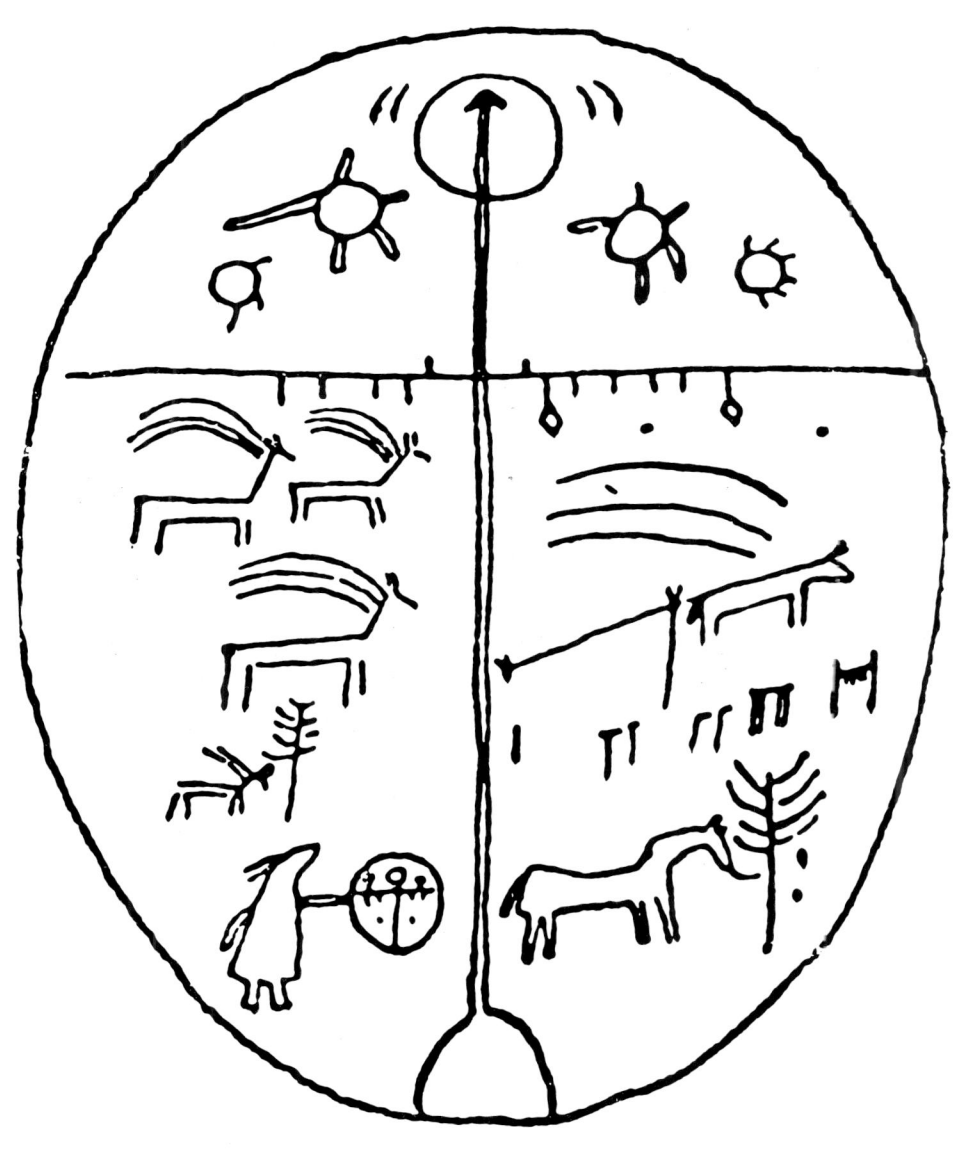

A 5   Weltenbaum auf isländischer Schamanentrommel

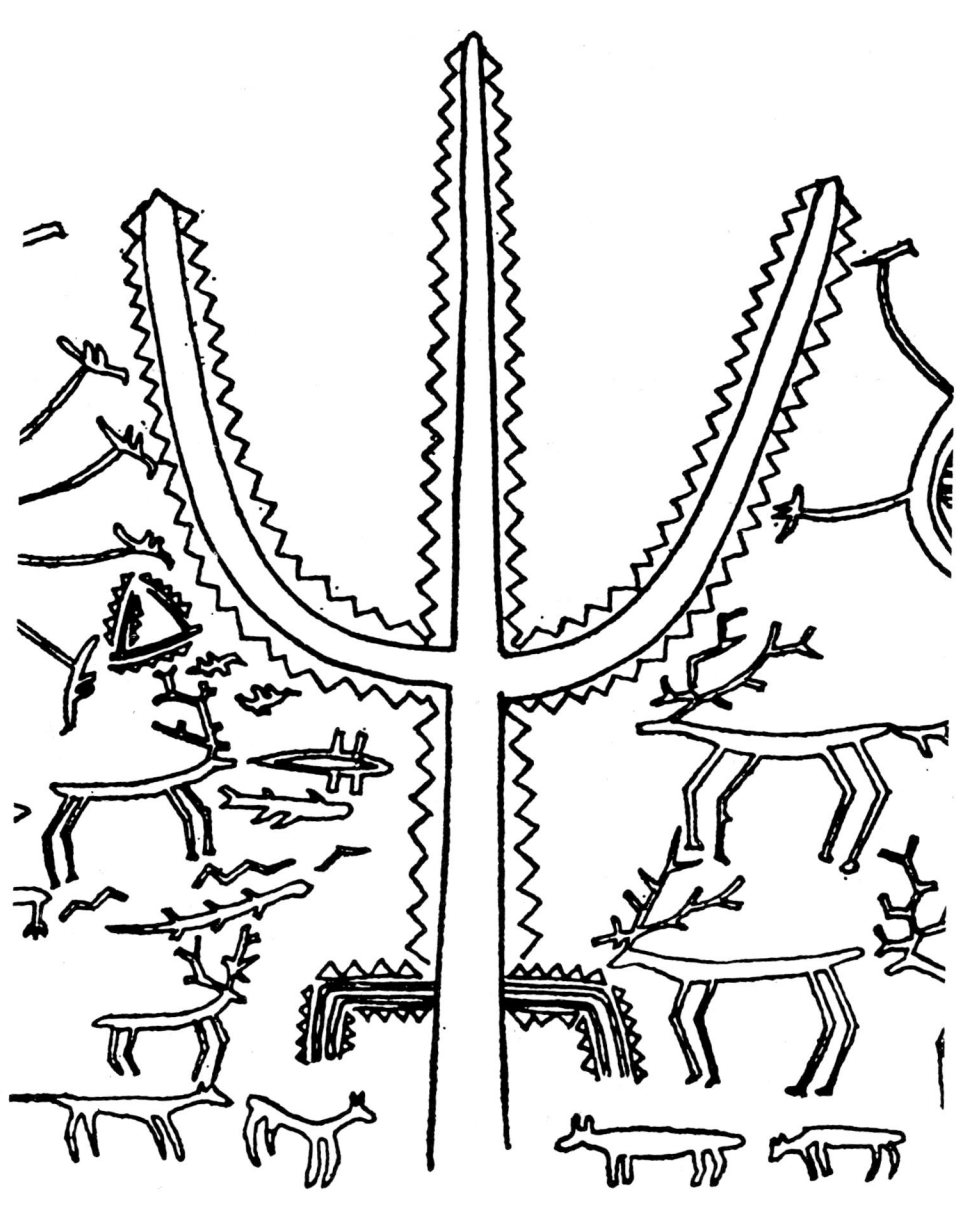

A 6   Sibirischer Weltenbaum

108

kosmographisch geordneten alten Welten erscheint jeweils ein zentraler Weltenbaum mit dreifach gegliederten Ästen und dem Himmelsvogel. Rechts und links vom Baum steht jeweils ein Urpaar.

A 8 **Altchinesischer Weltenbaum**
Abreibung eines Steinreliefs aus der Grabkammer Wu Liang Tz'u in der Provinz Shantung, Han-Zeit, um 167 n. Chr.
Gerda Gollwitzer, Bäume. Bilder und Texte aus drei Jahrtausenden, Herrsching 1980 , S. 55.
Karlsruhe, Badische Landesbibliothek, Signatur: 80 B 1901.

A 9 **Altjapanischer Weltenbaum und Weltenberg**
Malerei auf dem Tamamushischrein, Nara, Japan, Anfang 7. Jh.
Josef Strzygowski, Asiens bildende Kunst, Augsburg 1930, S. 677.
Karlsruhe, Badische Landesbibliothek, Signatur: ZB 196, 45.
Das Bild zeigt den heiligen Berg Meru, auch Sumi genannt. Er besteht zwar aus Stein, doch hat er die Form eines Baumes mit horizontal abstehenden Ästen. Weltenbaum und Weltenberg begegnen sich hier als ein auswechselbares Symbol.

B Der Lebensbaum

B 1 **Wasser und Nahrung spendende ägyptische Baumgöttin**
Malerei auf Stuck, Theben, Deir el Medineh – Grab des Sennedjem (Nr. 1), 19. Dynastie, um 1290 v. Chr. Fotografie 1977.
Die Wände vieler ägyptischer Grabkammern stellen einen Himmelsbaum dar, der das Leben in der jenseitigen Welt symbolisiert. Die in dem Baum wohnende Göttin speist die Toten mit dem Trank und der Nahrung der Unsterblichkeit. Hier werden Sennedjem und seine Frau gespeist und getränkt. Der Himmelsbaum wird so zum Lebensbaum.

B 2 **Lebensbaum im Paradies** *Abb. S. 14*
Herrad von Landsberg, Hortus Deliciarum, hrsg. von Otto Gillen, Neustadt/W. 1979, S. 8.
Karlsruhe, Badische Landesbibliothek, Signatur: 81 B 1413 Hss.

B 3 **Lebensbaum im himmlischen Jerusalem** *Abb. S. 15*
Miniatur aus ,,The Trinity Apocalypse", Saint Albans (?) um 1250, Bl. 24ᵛ. Trinity College, Cambridge, MS. R. 16.2. Fotografie.
Bei dieser Darstellung des Lebensbaumes fließt der Fluß von den Füßen Gottes durch den Baum.

B 4   Assyrischer Lebensbaum   *Abb. S. 17*

Alabasterrelief von Nimrud, 9. Jh. v. Chr.

Gerda Gollwitzer, Bäume. Bilder und Texte aus drei Jahrtausenden,
Herrsching 1980, S. 43.

Karlsruhe, Badische Landesbibliothek, Signatur: 80 B 1901.

Der Lebensbaum wächst unter dem assyrischen Sonnengott Asur zum
Himmel.

B 5   Gunungan

Javanische Schattenspielfigur aus Leder. Fotografie.

Stuttgart, Linden-Museum, Inv.-Nr. 100 604.

Gunungan (Berg) oder Kekayon (Baum) ist ein blattförmiges Requisit
des javanischen Schattenspiels, das nach oben mit einer Spitze endet. In
der Mitte wird ein stilisierter Baum dargestellt, der Lebensbaum. Der
Gunungan symbolisiert den Himmelsberg und den Lebensbaum.

B 6   Lebensbaum auf Grabstein   *Abb. S. 19*

Karl Huber, 1978. Karlsruhe, Hauptfriedhof. Fotografie 1983.

B 1   Wasser und Nahrung spendende ägyptische Baumgöttin. Malerei auf Stuck,
Theben, Deir el Medineh – Grab des Sennedjem, 19. Dynastie, um 1290 v. Chr.

B 7   **Lebensbaum im Paradies**
Emil Wachter, 1977/78, Stickteppich.
Karlsruhe, St. Hedwig.
Der von Emil Wachter entworfene Wandteppich wurde von Frauen der
Pfarrei St. Hedwig ausgeführt.

C   Der Baum der Erkenntnis

C 1   **Baum der Erkenntnis**
Psalter für Benediktiner, Elsaß (?) nach 1235, Blatt 40^r.
Karlsruhe, Badische Landesbibliothek, Signatur: Handschrift Lichten-
thal 25.

C 2   **Baum der Erkenntnis**
Holzschnitt, 1493.
Hartmann Schedel, Weltchronik, Illustrationen von Michael Wolgemut
und Wilhelm Pleydenwurff, Deutsche Ausgabe, Nürnberg 1493, Bl. VII^r.
Karlsruhe, Badische Landesbibliothek, Signatur: Kb 22.
Wie häufig in der mittelalterlichen Kunst wird hier ein zeitliches Nach-
einander räumlich nebeneinander dargestellt; das Bild zeigt den Sündenfall und die Vertreibung aus dem Paradies simultan. Auf der rechten
Bildhälfte stehen Adam und Eva zu beiden Seiten des Baumes der Erkenntnis, um dessen Stamm sich die Schlange ringelt. Der Stamm gabelt
sich oben und trägt zwei Kronen, die jedoch als eine erscheinen.

C 3   **Baum der Erkenntnis**
Helmut Lutz, 1982, Skulptur. Fotografie 1983.
Diese Skulptur, die von Oktober 1983 bis April 1984 vor dem Karlsruher
Schloß stand, ist der Mittelpunkt des kultischen Klangtheaters *Sternen-
weg*, einem modernen kultischen Weg-Spiel, das dem uralten Pilgerweg
nach Santiago de Compostela folgt. Am Baum der Erkenntnis schildert
das Werk die Selbstfindung Adams, die Verwandlung des Menschen
und Europas. Es ging 1983 von Alt-Breisach aus auf den Weg nach Santiago de Compostela, wird noch in vielen Städten Europas zur Aufführ-
rung kommen und schließlich in Neuf-Brisach aufgestellt.

C 4   **Baum der Erkenntnis**   *Abb. S. 21*
Emil Wachter, 1977/78, Stickteppich.
Karlsruhe, St. Hedwig.
Der von Emil Wachter entworfene Wandteppich wurde von Frauen der
Pfarrei ausgeführt. Wachters Baum der Erkenntnis hat drei Kronen, die

Als nw durch eingebung des teifels in gestalt der slangen die ersten eltern das gepot gottes übertreten hette da fluchet ine got. vnd sagt der slangen. verflucht wirdstu vnder allen geselleten vnd thiern der erde. auff deiner prust wirdstu geen. vnd die erden essen alle tag deins lebens. vnd dem weib saget er. Ich wirde vilfeltigen dein dürftigkeit vñ dein empfencknus. vnd du wirdst in smertzen gepern die kinder. vnd vnder dem gewalt des mans sein. vnd er wird über dich herschen. Vñ zu adaz sprach er. verflucht ist die erde in deiner arbait. du wirdst auß ir essen. sie wird dir dörner vnd distel gepern. in dem sweis deins angesihts wirstu gespeyst mit deinem prot. bis du widergekert wirdst in die erden von der du genomen bist. vnd da ine got fellein röck gemacht het warff er sie auß dem paradeis vnd setzet dar für cherubin mit flammigem swert den weg des holz des lebens zebewaré

Do adam der erst mensch von der letten der erden geformt. vnd. rrr. iar erscheynende als der nam Eua seinem weib aufgesetzt ward. von der frucht des verpotten holz das im sein weib raichet geessen het sind sie von dem paradeis des wolusts in das ertreich der versluchung außgeworffen das nach aufsatzung des herrñ gottes adam im sweis seins angesihts die erden arbeiten vnd mit sein prot gespeiset werden. vnd Eua in dürftigkeit leben vnd kinder in smertzen gepern solt. die doch der herr mit vnuergleichlichem scheyn gezieret het. Aber d neydig feind irer seligkait hat sie betrogé da sie auß weiplicher leichtfertigkait die frucht des pawms mit freflicher getür figkeit versüchet vñ irn man in irn wille zohe. also nach annemung der kost pletter wardt sie auß dé wolust garten in den agker Ebron mitsambt irm man in das enlend vertribé. do sie nw zelest die smertzen der geperung zu mermal versuchet do kome sie mit mue vnd arbeit in das alter vnd in dé tod der ir vö dem herré verkundet. was.

C 2   Baum der Erkenntnis. Holzschnitt. Hartmann Schedel, Weltchronik, 1493

in der Form eines Kreuzes angeordnet sind. Damit deutet der Künstler bereits die kommende Erlösung durch den Kreuzestod Christi an.

D Das Baumkreuz

D 1 Baumkreuz *Abb. S. 25*
Scherenberg-Psalter, Straßburg um 1260, Bl. 8^r.
Karlsruhe, Badische Landesbibliothek, Signatur: Handschrift St. Peter perg. 139.

D 2 Calvaire
St. Thégonnec, Finistère, Bretagne, um 1610. Fotografie 1981.
An das Kreuz als Symbol des Lebensbaumes erinnern hier besonders die Aststumpen der mittleren Säule, die außer dem Kruzifix noch zwei übereinanderliegende Querbalken trägt. Der Calvaire liegt gewöhnlich dem Beinhaus gegenüber, was die Nähe von Tod und Leben verdeutlicht.

D 3 Kreuz als Lebensbaum
Emil Wachter, 1978, Haupttür, Email, Baden-Baden, Autobahnkirche.
Emil Wachter, Die Bilderwelt der Autobahnkirche Baden-Baden, Freiburg 1980, S. 95.
Karlsruhe, Badische Landesbibliothek, Signatur: 81 B 544.

D 4 Baumkreuz
Hosselt, Luxemburg, 1953.
F. Sierksma, Götter, Götzen und Dämonen, Wien 1959, Abb. 5.
Karlsruhe, Badische Landesbibliothek, Signatur: 60 B 3.
Die sorgfältige Art, in der hier der Hauseigentümer die Äste und den Stamm des Baumes weiß strich, läßt vermuten, daß er das Kruzifix mit dem lebenden Baum identifizierte und bewußt das Kreuz als Lebensbaum darstellen wollte.

D 5 Baumkreuz *Abb. S. 27*
Pacino di Bonaguida, frühes 14. Jh., Florenz, Akademie.
Roger Cook, The Tree of Life. Image for the Cosmos, New York 1974, Tafel 49.
Karlsruhe, Badische Landesbibliothek, Signatur: 83 B 1547.

D 6 Baumkreuz
Giovanni da Modena, 1421, Fresko. Bologna, Pfarrkirche San Petronio.

D 6 Giovanni da Modena, Baumkreuz. Fresko, 1421. Bologna,
Pfarrkirche San Petronio

Gerda Gollwitzer, Bäume. Bilder und Texte aus drei Jahrtausenden, Herrsching 1980, S. 70.
Karlsruhe, Badische Landesbibliothek, Signatur: 80 B 1901.

E   Der philosophische Baum der Alchemisten

E 1   Aus Adam und Eva wachsen Bäume
Stanislas Klossowski de Rola, Alchemie, Die geheime Kunst, Stuttgart 1980, Tafeln 39 und 40.
Karlsruhe, Badische Landesbibliothek, Signatur: 80 B 1242.
Nach Carl Gustav Jung läßt Adam als *prima materia*, von Merkurs Geschoß durchbohrt, die *arbor philosophica* aus sich hervorwachsen. Während bei Adam die *arbor* dem Phallus entspricht, wächst sie bei Eva aus dem Kopf heraus. Eva stellt den weiblichen Aspekt der *prima materia* dar. Deutlich wird hier, daß nur durch den Tod neues Leben entstehen kann.

E 2   Philosophischer Baum als Planetenbaum   *Abb. S. 29*
Basil Valentin, Vier Tractätlein, Frankfurt/M. 1625, S. 28.
Karlsruhe, Badische Landesbibliothek, Sammlung Alexander von Bernus.
Der philosophische Baum ist hier mit Sonne, Mond und den fünf Planeten geschmückt sowie von Allegorien der sieben Phasen des alchemistischen Prozesses, die die Motive von Tod und Wiedergeburt, Bestattung und Auferstehung variieren, umgeben. Unter ihm wird der wiedergeborene Adept von Hermes Trismegistos, dem Gott der Alchemie, begrüßt.

E 3   Philosophischer Baum als Planetenbaum   *Abb. S. 31*
Titelblatt-Holzschnitt.
Occulta Philosophia von den verborgenen Geheimnussen der heimlichen Goldblumen usw., Frankfurt/M. 1613.

E 4   Philosophischer Baum
Samuel Norton, Mercurius Redivivus, Nürnberg 1667, S. 354.
Karlsruhe, Badische Landesbibliothek, Sammlung Alexander von Bernus.

E 5   Die zwölf alchemistischen Operationen als „arbor philosophica" dargestellt
Carl Gustav Jung, Psychologie und Alchemie, Zürich 1952, S. 331.
Karlsruhe, Badische Landesbibliothek, Signatur: ZA 965, 5.

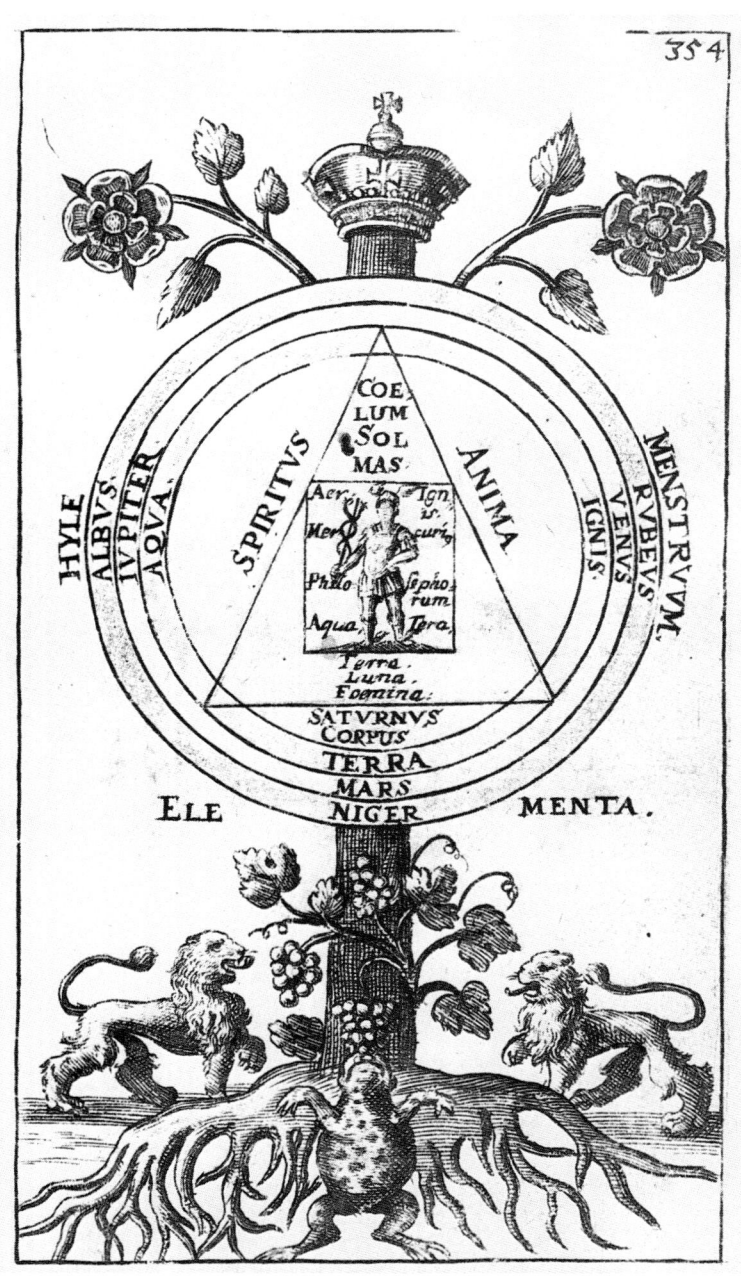

E 4 Philosophischer Baum. Samuel Norton, Mercurius Redivivus, Nürnberg 1667

F   Der heilige Baum

F 1   Bodhi-Baum   *Abb. S. 33*
Steinrelief aus dem Stupazaun in Bharhut, Indien, 1. Jh. v. Chr.
Gerda Gollwitzer, Bäume. Bilder und Texte aus drei Jahrtausenden,
Herrsching 1980, S. 47.
Karlsruhe, Badische Landesbibliothek, Signatur: 80 B 1901.

F 2   Opferbaum der Diana auf Tauris   *Abb. S. 35*
Skizze eines Reliefausschnittes.
Carl Bötticher, Der Baumkultus der Hellenen, Berlin 1856, Abb. 31.

F 3   Der Apollon-Tempel (Ausschnitt)
Delphi
Jean Charbonneaux, Roland Martin, François Villard, Das klassische
Griechenland 480–330 v. Chr., München 1971, S. 68.
Karlsruhe, Badische Landesbibliothek, Signatur: 60 B 200, 16 LS.

F 4   Meisters großer Remter
Marienburg 1276.
Die Marienburg, Königstein im Taunus 1955, S. 45.
Karlsruhe, Badische Landesbibliothek, Signatur: SA 122, 16.

F 5   Moses vor dem brennenden Dornbusch   *Abb. S. 37*
Wenzelsbibel (Codices Vindobonenses 2759–2764), Faksimile-Ausgabe
I, Graz 1981, Bl. 55^v.
Karlsruhe, Badische Landesbibliothek, Signatur: 82 C 5, 1.

G   Der Stammbaum

G 1   Wurzel Jesse   *Abb. S. 41*
Scherenberg-Psalter, Straßburg um 1260, Bl. 7^v.
Karlsruhe, Badische Landesbibliothek, Signatur: Handschrift St. Peter
perg. 139.

G 2   Wurzel Jesse   *Abb. S. 39*
Heilsspiegel (Speculum humanae salvationis, deutsch), 2. Hälfte 14. Jh.,
S. 8.
Karlsruhe, Badische Landesbibliothek, Signatur: H 78.

G 3   ,,Es ist ein Ros' entsprungen . . .''
Das große Liederbuch, München 1975, S. 166.
Karlsruhe, Badische Landesbibliothek, Signatur: M 2800.

G 4 Wurzel Jesse
Glasfenster, um 1160, Chartres, Westfassade der Kathedrale.
Emile Mâle, Chartres, Tübingen 1983, S. 146.

G 5 Aufschwörung des Adrian Johann Frank von Eerde zu Pleckenpoel
Pergament, farbig, Speyer 1700.
Karlsruhe, Generallandesarchiv, Signatur: 73/57.
Linde als Stammbaum. Namentafeln und Wappenschilde der vier Generationen sind kreisbogenförmig angeordnet. Die oberen Wappenschilde sind mit Helmzier, die der beiden Eltern mit Kronen geschmückt. Der Wappenschild des jungen Adligen sitzt unmittelbar über der ersten Verzweigung des Stammes im Baumwipfel. Er ist – abweichend von anderen Darstellungen – kleiner als die Schilde der Eltern und trägt die hohe Helmzier, die beim Ururgroßvater väterlicherseits wiederkehrt. Mit dieser Aufschwörung bewarb sich der junge Herr um Aufnahme ins Speyerer Domkapitel, doch ist er als Domherr zu Speyer nicht nachgewiesen.

G 6 Aufschwörung des Karl Philipp Maria Benedikt Freiherr von Baden zu Liel
Pergament, farbig, Freiburg 1751.
Karlsruhe, Generallandesarchiv, Signatur: 73/5.
Breit ausladender Stammbaum mit Lindenblättern. Die stilisierte Baumkrone trägt Namentafeln und Wappenschilde von vier Generationen in linearer Anordnung. Tafel und Schild des jungen Freiherrn bilden den Stamm des Baumes. Alle Wappenschilde sind mit Helmzier versehen. Der Stammbaum war wahrscheinlich für eine Aufschwörung im Domstift zu Konstanz bestimmt, zu der es jedoch nicht gekommen ist.

G 7 Aufschwörung des Ferdinand Schilder von Dreckenburg
Pergament, farbig, um 1661/62.
Karlsruhe, Generallandesarchiv, Signatur: 73/252.
Dieser Stammbaum ist eine hochragende Eiche, aus deren Stamm ein Kruzifix herauswächst. Schlichte Wappenschilde mit Namensbändern hängen in dem wenig belaubten Baum. Der Wappenschild des jungen Ferdinand befindet sich am Stamm, während er selbst links davor kniet, die Hände betend zu Christus erhoben, der von einer Mandorla in Form eines Wolkenbandes mit Engelsköpfen umgeben ist. Diese Aufschwörung sollte der Aufnahme des jungen Freiherrn in den Johanniter-(Malteser-)Orden dienen, was auch seine Kleidung (roter Mantel) und die Kartenskizze der Insel Malta, die sich rechts unter dem Baum befindet, belegt.

G 5 Linde als Stammbaum. Aufschwörung des Adrian Johann Frank von Eerde zu Pleckenpoel, Speyer 1700. Karlsruhe, Generallandesarchiv

H   Baum-Metamorphosen

H 1 **Myrrha hat Adonis zur Welt gebracht**   *Abb. S. 45*
Kupferstich.
Ovid, Les Métamorphoses II, Paris 1807, Abb. 10.
Karlsruhe, Badische Landesbibliothek, Signatur: 71 A 1940, 2.

H 2 **Die Heliaden verwandeln sich in Pappeln**
Kupferstich.
Ovid, Les Métamorphoses I, Paris 1807, Abb. 25.
Karlsruhe, Badische Landesbibliothek, Signatur: 71 A 1940, 1.

H 3 **Philemon und Baucis verwandeln sich in Bäume**   *Abb. S. 47*
Holzschnitt von Virgil Solis.
Ovid, Metamorphoses oder Verwandlung, Frankfurt/M. 1571, S. 203.
Karlsruhe, Badische Landesbibliothek, Signatur: 50 A 2621.

119

H 4 Die Heliaden verwandeln sich in Pappeln
Holzschnitt von Virgil Solis.
Ovid, Metamorphoses oder Verwandlung, Frankfurt/M. 1564, S. 45.
Karlsruhe, Badische Landesbibliothek, Signatur: 65 A 4283 R.

H 5 Dryope verwandelt sich in einen Lotosbaum
Kupferstich.
Ovid, Metamorphoses, mit Textkupfern von F. Le Clerc, Chaveau und J. Le Pautre, Paris 1676, S. 308.
Karlsruhe, Badische Landesbibliothek, Signatur: 73 B 397 RH.

H 6 Apoll und Daphne
Gian Lorenzo Bernini, 1622–1625. Marmorskulptur. Rom, Galleria Borghese.

H 5 Dryope verwandelt sich in einen Lotosbaum

Gina Pischel, Große Weltgeschichte der Skulptur, München 1982, S. 544 f.
Karlsruhe, Badische Landesbibliothek, Signatur: 82 B 1869 LS.

H 7 Die Geburt des Adonis
Benno Huth, 1983. Zeichnung.

H 8 Die Verwandlung der Bacchantinnen   *Abb. S. 49*
Benno Huth, 1983. Zeichnung.

H 9 Nach der Edda entstehen aus Esche und Ulme die ersten Menschen
Esche, Karlsruhe-Rüppurr. Ulme, Karlsruhe, Friedrichsplatz. Fotografien 1983.
,,Als Börs Söhne am Seestrand gingen, fanden sie zwei Bäume. Sie nahmen die Bäume und schufen Menschen daraus . . . Sie gaben ihnen auch Kleider und Namen: den Mann nannten sie Ask (= Esche) und die Frau Embla (= Ulme), und von ihnen kommt das Menschengeschlecht, welchem Midgard zur Wohnung verliehen ward.''
Prosa-Edda, Gylfaginning, 9. Abschnitt.

I   Der Baum als Symbol des Menschen

I 1 Leben im finnischen Wald   *Abb. S. 53*
Olavi Lanu, 1970. Environment-Komposition, Ausschnitt.
Dalla natura al' arte, dal' arte alla natura. La Biennale di Venezia 1978, Catalogo generale, Mailand 1978, S. 186.

I 2 Eichen am Wasser   *Abb. S. 61*
Jacob van Ruisdael, um 1665. Öl auf Leinwand. Fotografie.
Karlsruhe, Staatliche Kunsthalle.

I 3 Jungfrau im Baum   *Abb. S. 59*
Paul Klee, 1903. Radierung.
Paul Klee, Das graphische und plastische Werk, Ausstellungskatalog, Wilhelm-Lehmbruck-Museum der Stadt Duisburg 1975, S. 19.

I 4 Allee der Gerechten
Jerusalem, Yad Vashem. Fotografie 1982.

I 5 Eiche in Penthesilea-Inszenierung
Hans Neuenfels/Anna Viebrock, 1981. Bühnenbild zu Heinrich von Kleists *Penthesilea*. Berlin, Schiller-Theater.
Programmheft des Schiller-Theaters zu Heinrich von Kleist, Penthesilea, Berlin 1981, S. 8.

I 6 **The Tree of the Soul** *Abb. S. 63*
William Law (1686–1761). Zeichnung für die in London 1764–1781 erschienenen Werke Jakob Böhmes.
Roger Cook, The Tree of Life. Image for the Cosmos, New York 1974, Tafel 1.
Karlsruhe, Badische Landesbibliothek, Signatur: 83 B 1547.

I 7 **Zwei Baum-Patientenzeichnungen**
Carl Gustav Jung, Studien über alchemistische Vorstellungen. Gesammelte Werke XIII, 2. Aufl., Olten, Freiburg im Breisgau 1982, Bild 2 und Bild 3.
Karlsruhe, Badische Landesbibliothek, Signatur: 81 A 17341, 13.

I 8 **Nebukadnezars Traum** *Abb. S. 64*
Heilsspiegel (Speculum humanae salvationis, deutsch), 2. Hälfte 14. Jh., S. 76.
Karlsruhe, Badische Landesbibliothek, Signatur: H 78.

I 4   Allee der Gerechten. Jerusalem, Yad Vashem, 1982

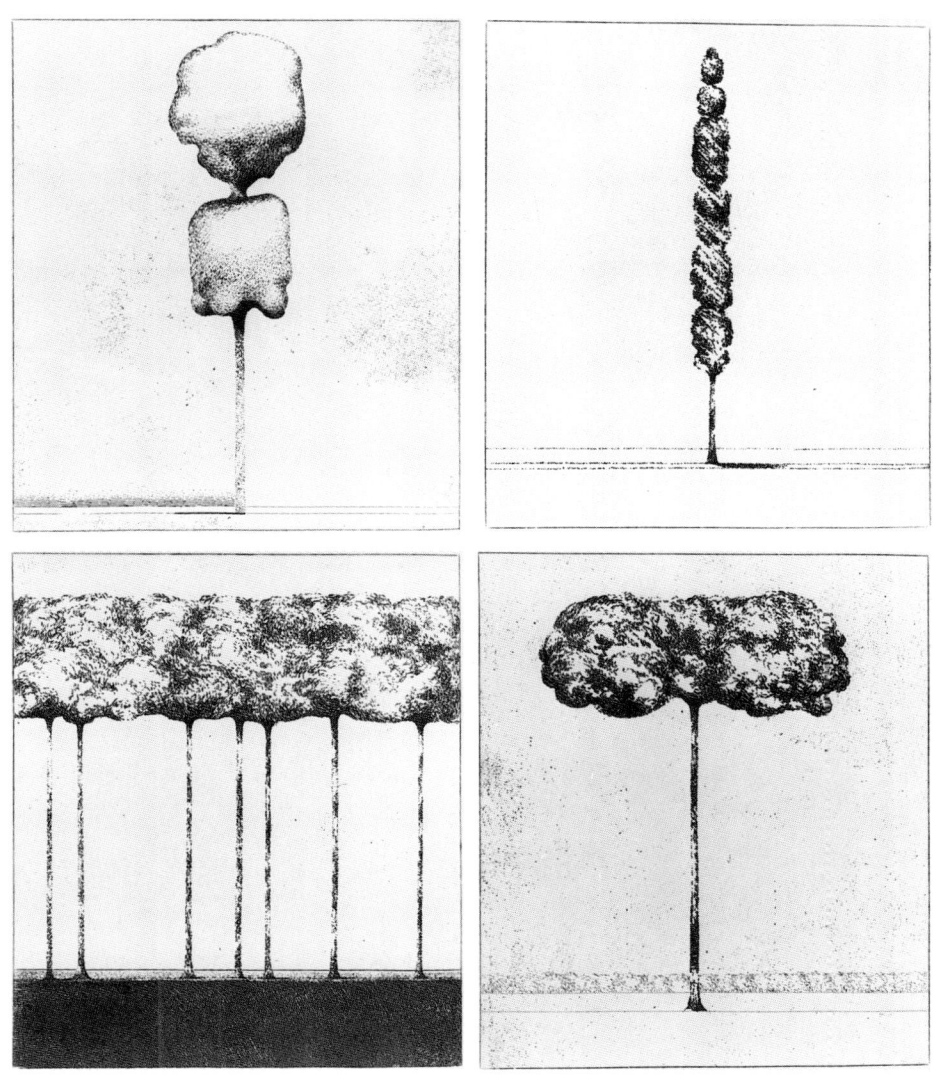

I 12   Hans Martin Erhardt, Franz Kafka, Die Bäume. Aus einer Folge von
       8 Radierungen, 1968

I 9   Instruktionsformeln zum Baumtest
Karl Koch, Der Baumtest. Der Baumzeichenversuch als psychodiagno-
stisches Hilfsmittel, 6. Aufl., Bern 1972, S. 142 f.
Karlsruhe, Badische Landesbibliothek, Signatur: Cc 261a FM.

I 10   Der Pflanzenmensch   *Abb. S. 55*
Kupferstich. Compendium Anatomicum nova methodo institutum,
Amsterdam 1696.
Gerda Gollwitzer, Bäume. Bilder und Texte aus drei Jahrtausenden,
Herrsching 1980, S. 15.

I 11   Jungstier und Baum   *Abb. S. 57*
Tutilo Karcher, 1977. Radierung.

I 12   Franz Kafka. Die Bäume
Hans Martin Erhardt, 1968. 8 Original-Radierungen. Stuttgart, Manus
Presse.
Der Künstler interpretiert Kafkas Gleichnis frei. Er gestaltet keine im
Schnee liegenden Baumstämme, sondern überwiegend Bäume, die auf
hohem, dünnem, geradem Stamm stehen. In ihrer Zerbrechlichkeit wir-
ken sie real und unreal zugleich. Damit stellt er die für Kafka so eigen-
tümliche Sphäre von Realität und Unwirklichkeit dar.

I 13   Drei Baumtest-Kinderzeichnungen
Diese Zeichnungen wurden 1983 von 10jährigen Schülern einer Grund-
schulklasse in Mannheim angefertigt und von Marianne Merz nach der
Methode Karl Kochs diagnostiziert. Die Schüler hatten 45 Minuten Zeit.

K   Der Baum als Ort des Schutzes

K 1   Maya bringt Buddha unter einem Baum zur Welt
Alexander Eliot, Mythen der Welt, Luzern 1976, S. 197.
Karlsruhe, Badische Landesbibliothek, Signatur: 76 B 1623.

K 2   Brüderchen und Schwesterchen im hohlen Baum   *Abb. S. 73*
Werner Klemke, Illustration zu dem Märchen *Brüderchen und Schwester-
chen,* in: Die Kinder- und Hausmärchen der Brüder Grimm, München o.
J., S. 30.
Karlsruhe, Badische Landesbibliothek, Signatur: 63 B 268.

K 3   Flucht auf den Baum
Max Slevogt, Federzeichnung zu dem Märchen *Die sechs Schwäne,* in:

K 4   Franz Wacik, Illustrationen zu ,,Unter der Weide'' (Andersen)

Brüder Grimm, Kinder- und Hausmärchen, Tübingen o. J., S. 84.
Karlsruhe, Badische Landesbibliothek, Signatur: 76 B 396.

K 4 **Unter der Weide**
Andersens Märchen II, hrsg. von Hans Fraungruber, Bilder von Franz
Wacik, Wien 1920. Faksimile-Ausgabe, Stuttgart o. J., S. 82 f.
Karlsruhe, Badische Landesbibliothek, Signatur: 76 A 14508, 2.

K 5 **Brautzug im Frühling**   *Abb. S. 75*
Ludwig Richter, 1847, Öl auf Leinwand. Dresden, Staatliche Kunst-
sammlungen. Aral Journal. Frühjahr 1982, S. 2 f.

K 6 **Simplicius im Schutze des Baumes**   *Abb. S. 71*
Udo Claaßen, 1983, Radierung zu Grimmelshausens *Der Abenteuerliche*
Simplicissimus.
Hier heißt es am Schluß des 5. und zu Beginn des 6. Kapitels des I. Buches: ,,. . . doch war ich noch so witzig, als mich abermal die Nacht ereil-
te, daß ich in einen hohlen Baum kroch, mein Nachtlager darinnen
zu halten. – Kaum hatte ich mich zum Schlaf akkomodiert, da hörete
ich folgende Stimm: ,,O große Liebe, gegen uns undankbare Menschen! . . .''

K 7 **Hoflinde**
Karlsruhe, Rittnerthof. Fotografie 1983.

K 8 **Klosterlinde**   *Abb. S. 69*
Kloster Heiligkreuztal bei Riedlingen. Fotografie 1983.

L   Der Baum als Helfer und Glücksbringer

L 1 **Aschenputtel unter dem Haselbaum**
Ruth Elsässer, Illustration zu *Aschenputtel,* Ein Märchen der Brüder
Grimm, o. O. und o. J., S. 11.
Karlsruhe, Badische Landesbibliothek, Signatur: 79 B 1870.

L 2 **Zweiäuglein und der Ritter unter dem Baum mit goldenen Äpfeln**
Jiři Trnka, Illustration zu *Einäuglein, Zweiäuglein und Dreiäuglein,* in: Die
Kinder- und Hausmärchen der Brüder Grimm, 5. Aufl., Hanau/M. 1976,
S. 149.
Karlsruhe, Badische Landesbibliothek, Signatur: 78 B 1106.

L 3 **Märchenbaum**   *Abb. S. 79*
Ekkehard Mantel, 11 Jahre. Wasserfarben.

L 4   Isis säugt Thutmosis III. Wandmalerei. Grab Thutmosis III.,
Theben, Tal der Könige. 18. Dynastie, 15. Jh. v. Chr.

L 4   **Isis säugt Thutmosis III.**
Wandmalerei. Grab Thutmosis III. Theben, Tal der Könige. 18. Dynastie, ca. 1490 – 1436 v. Chr. Fotografie 1974.

L 5   **Am Brunnen unter der Linde**
Werner Klemke, Illustration zu *Der Froschkönig,* in: Die Kinder- und Hausmärchen der Brüder Grimm, München 1963, S. 8.
Karlsruhe, Badische Landesbibliothek, Signatur: 63 B 268.

L 6   **Schatzhauser unter der Tanne**
Ernst Schrom, Zeichnung zu dem Märchen *Das kalte Herz,* in: Wilhelm Hauff, Der Zwerg Nase und andere Märchen, Wien 1950, S. 129.
Karlsruhe, Badische Landesbibliothek, Signatur: 50 A 1007.

M   Der Baum als Ort der Liebe

M 1   **Rosenbaum**   *Abb. S. 83*
Manessische Liederhandschrift, Faksimile-Ausgabe, Leipzig 1925–27, Bl. 311^r.
Karlsruhe, Badische Landesbibliothek, Signatur: O 42 C 3.
Bei dieser Minnesängerszene sitzt das Paar unter einem Rosenbaum, dessen innere grüne Zweige die Form eines Herzens bilden. In dem Herz hängt ein goldenes Schild mit der Aufschrift: Amor.

M 2   **Daphnis und Chloe lieben sich unter einem Baum**
Longus, Daphnis und Chloe, Illustrationen von Marc Chagall, München 1982, S. 72 f.
Karlsruhe, Badische Landesbibliothek, Signatur: 83 B 136.

M 3   **Buche mit eingeritzten Herzen**   *Abb. S. 81*
Ulm, Friedrichsau. Fotografie 1983.

M 4   **Tristan und Isolde unter einem Baum**
Holzschnitt.
Alexander Eliot, Mythen der Welt, Luzern 1976, S. 189.
Karlsruhe, Badische Landesbibliothek, Signatur: 76 B 1623.

M 5   **Schüssel mit Liebesbaum**
Fayence aus Nevers, 1758.
Karlsruhe, Badisches Landesmuseum.

N   Der Baum als Ort des Todes

N 1   Absaloms Tod   *Abb. S. 87*
Heilsspiegel (Speculum humanae salvationis, deutsch). 2. Hälfte 14. Jh.,
S. 81.
Karlsruhe, Badische Landesbibliothek, Signatur: H 78.

N 2   Martyrium des heiligen Sebastian
Odilon Redon, 1910. Aquarell.
Gerda Gollwitzer, Bäume. Bilder und Texte aus drei Jahrtausenden,
Herrsching 1980, S. 71.
Karlsruhe, Badische Landesbibliothek, Signatur: 80 B 1901.

N 3   Siegfrieds Tod unter einer Linde   *Abb. S. 89*
Der Nibelungen Noth, Illustriert mit Holzschnitten nach Zeichnungen
von Julius Schnorr von Carolsfeld und Eugen Neureuther, Stuttgart
1843, S. 182 f.
Karlsruhe, Badische Landesbibliothek, Signatur: 66 B 293.

N 8   Francisco de Goya, Desastres T. 36, Esto es peor (Das ist schlimmer),
Radierung aus der Folge: Desastres de la Guerra, um 1812–1815

N 4 **Judas hat sich an einem Baum erhängt** *Abb. S. 88*
Titelkupfer, in: Abraham a Sancta Clara, Judas Der Ertz-Schelm I, Salzburg 1686.
Karlsruhe, Badische Landesbibliothek, Signatur: 81 A 2375 RH.

N 5 **Friedrichs Selbstmord an der Judenbuche**
Karl Sigrist, Holzschnitt, in: Annette von Droste-Hülshoff, Die Judenbuche, Stuttgart 1923, S. 64 f.
Karlsruhe, Badische Landesbibliothek, Signatur: 43 A 3966.

N 6 **Der Galgenbaum**
Jacques Callot, 1633. Radierung.
Jacques Callot, Das gesamte Werk, Druckgraphik, hrsg. von Thomas Schröder, o. O. und o. J., Abb. 1340.
Karlsruhe, Badische Landesbibliothek, Signatur: 72 A 1896, 2.

N 7 **Desastres, T. 36**
Tampoco (Auch hier nicht). Francisco de Goya, um 1812–1815. Radierung aus der Folge ,,Desastres de la Guerra''. Fotografie.
Stuttgart, Staatsgalerie, Graphische Sammlung.

N 8 **Desastres, T. 37**
Esto es peor (Das ist schlimmer). Francisco de Goya, um 1812–1815. Radierung aus der Folge ,,Desastres de la Guerra''. Fotografie.
Stuttgart, Staatsgalerie, Graphische Sammlung.

O Der Baum als Ort der Kommunikation

O 1 **Rat von Mülhausen unter der Gerichtslinde** *Abb. S. 91*
Die Luzerner Chronik des Diebold Schilling, 1513. Faksimile-Ausgabe der Handschrift S. 23 fol. in der Zentralbibliothek Luzern, Luzern 1981, S. 142.
Karlsruhe, Badische Landesbibliothek, Signatur: 79 C 49 Hss.
Unter der Gerichtslinde vor der ummauerten Stadt tagt der Rat von Mülhausen. Er weist die Forderung des Junkers von Regisheim ab, die ein zerlumpter, mit mächtigem Morgenstern bewehrter Bote überbracht hat. Am Tisch sitzt der Ratsschreiber.

O 2 **Bund zwischen Mülhausen und Basel unter der Gerichtslinde**
Die Luzerner Chronik des Diebold Schilling, 1513. Faksimile-Ausgabe der Handschrift S. 23 fol. in der Zentralbibliothek Luzern, Luzern 1981, S. 431.
Karlsruhe, Badische Landesbibliothek, Signatur: 79 C 49 Hss.

Unter der ummauerten Gerichtslinde vor der Stadt verbinden sich 1506 Mülhausen und Basel.

O 3 **Versammlung der Bauern unter einer Eiche**
Anton von Werner, Illustration zu Joseph Viktor von Scheffel, Der Trompeter von Säkkingen, Stuttgart 1873.
Karlsruhe, Badische Landesbibliothek, Signatur: O 53 B 3.

O 7   Tanz- und Stufenlinde in Limmersdorf/Bayern

O 4 **Das Thing – eine bäuerliche Gerichtssitzung im Mittelalter**
Lithographie nach einer Zeichnung von Jung-Ilsenheim, 19. Jh. Berlin,
Bildarchiv Preußischer Kulturbesitz.

O 5 **Schiller liest unter einem Baum aus den „Räubern" vor** *Abb. S. 93*
Aquarell nach der Skizze Victor Heideloffs.
Schiller, Eine Biographie in Bildern. Festschrift zur Erinnerung an die
100. Wiederkehr seines Todestages am 9. Mai 1905, 2. Aufl., Marburg
1905, S. 5.
Karlsruhe, Badische Landesbibliothek, Signatur: 57 C.
Im Stuttgarter Bopserwald liest Schiller vertrauten Kameraden unter ei-
nem Baum aus den *Räubern* vor. Nach der Skizze des mitanwesenden
Victor Heideloff später von dessen Sohn Karl ausgeführtes Aquarell.

O 6 **Tanz um die Linde** *Abb. S. 95*
Hieronymus Bock, Kreütterbuch, darin underscheidt Namen und
Würckung der Kreutter, Stauden, Hecken und Beumen, sampt ihren
Früchten, so in teutschen Landen wachsen . . .
Alles durch Hieronymus Bock beschriben. Gebessert und gemehret
durch Melchiorem Sebizium, Straßburg 1577, Bl. 391^v.
Karlsruhe, Badische Landesbibliothek, Signatur: 50 B 267.

O 7 **Tanz- und Stufenlinde in Limmersdorf (Bayern)**
Aloys Bernatzky, Baum und Mensch, Frankfurt/M. 1973, S. 129.

O 8 **Treffpunkt unter der Linde**
Tomi Ungerer, Illustration in: Das große Liederbuch. 204 deutsche
Volks- und Kinderlieder, gesammelt von Anne Diekmann, unter Mit-
wirkung von Willi Gohl, Zürich 1975, S. 195.
Karlsruhe, Badische Landesbibliothek, Signatur: M 2800.

O 9 **„Kein schöner Land in dieser Zeit . . ."**
Tomi Ungerer, Illustration in: Das große Liederbuch. 204 deutsche
Volks- und Kinderlieder, gesammelt von Anne Diekmann, unter Mit-
wirkung von Willi Gohl, Zürich 1975, S. 213.
Karlsruhe, Badische Landesbibliothek, Signatur: M 2800.

O 10 **Gasthof zur Linde**
Schaidt (Pfalz). Fotografie 1983.

O 11 **Gasthaus Bäumle**
Wirtshausschild, Ulm. Fotografie 1983.

O 12 **Restaurant Unter den Linden**
Wirtshausschild, Karlsruhe. Fotografie 1983.

P Der Festbaum

P 1 Erklettern des Maibaumes *Abb. S. 97*
Holzstich, 19. Jh.
Berlin, Bildarchiv Preußischer Kulturbesitz.

P 2 Maibaum *Abb. S. 97*
Bad Schönborn. Fotografie 1983.

P 3 Maibaum als Liebeszeichen
Horb am Neckar – Grünmettstetten. Fotografie 1983.

P 4 Richtbaum *Abb. S. 99*
Ulm. Fotografie 1983.

P 5 1790 errichten die Jakobiner in Paris den ersten Freiheitsbaum *Abb. S. 101*
Aquarellierte Zeichnung, ohne Künstler- und Jahresangabe.
Berlin, Bildarchiv Preußischer Kulturbesitz.

P 6 Freiheitsbaum in Zweibrücken 1793
Spottbild auf den Einzug der französischen Mosel-Armee.
Nach dem Aquarell von Karl Kaspar Pitz, Heimatmuseum Zweibrücken.

P 7 Christbaum *Abb. S. 104*
Oblate, 19. Jh. Privatbesitz.

P 8 Der deutsche Weihnachtsbaum in den Ruhmeshallen von Versailles
Holzschnitt, nach der Natur aufgenommen von Otto Günther.
Die Gartenlaube 1871, Nr. 7, S. 109.
Karlsruhe, Badische Landesbibliothek, Signatur: ZB 486.

P 9 Das Tannenbäumchen
Hans Christian Andersens Auserwählte Märchen I, 3. Aufl., Leipzig
1887, S. 4.
Karlsruhe, Badische Landesbibliothek, Signatur: LZ 582.

P 10 ,,O Tannenbaum, . . .‘‘
Tomi Ungerer, Illustration in: Das große Liederbuch, 204 deutsche
Volks- und Kinderlieder, gesammelt von Anne Diekmann, unter Mit-
wirkung von Willi Gohl, Zürich 1975, S. 170 f.
Karlsruhe, Badische Landesbibliothek, Signatur: M 2800.

P 11 Kranke Tanne
Fotografie 1983.

Literaturverzeichnis

I. Handbücher und Lexika

Enzyklopädie des Märchens. Handwörterbuch zur literarischen und vergleichenden Erzählforschung, hrsg. von Kurt Ranke u. a., Berlin 1977.

Erich, Oswald Adolf und Beitl, Richard. Wörterbuch der deutschen Volkskunde, bearb. von Richard und Klaus Beitl, 3. Aufl., Stuttgart 1974.

Handbuch der Deutschen Volkskunde I–III, hrsg. von Wilhelm Peßler, Potsdam 1934–1935.

Handwörterbuch des deutschen Aberglaubens I–X, hrsg. von E. Hoffmann-Krayer und Hanns Bächtold-Stäubli, Berlin 1927–1942.

Handwörterbuch des deutschen Märchens I–II, hrsg. von Lutz Mackensen, Berlin 1930–1940.

Lexikon der Symbole, Bilder und Zeichen der christlichen Kunst, Gerd Heinz-Mohr, 6. Aufl., Düsseldorf 1981.

Herder Lexikon Symbole, bearb. von Marianne Oesterreicher-Mollwo, 4. Aufl., Freiburg/Breisgau 1978.

Lexikon der christlichen Ikonographie I–VIII, hrsg. von Engelbert Kirschbaum und Wolfgang Braunfels, Rom 1968–1976.

Lexikon der Symbole, hrsg. von Wolfgang Bauer u. a., Wiesbaden 1980.

Lexikon politischer Symbole, hrsg. von Arnold Rabbow, München 1970.

Reallexikon zur deutschen Kunstgeschichte II, hrsg. von Otto Schmidt, Stuttgart 1948.

Reclams Bibellexikon, hrsg. von Klaus Koch u. a., Stuttgart 1978.

Handbuch der Symbole in der bildenden Kunst des 20. Jahrhunderts, Christoph Wilhelmi, Frankfurt/M. 1980.

Wörterbuch der Symbolik, hrsg. von Manfred Lurker, 2. Aufl., Stuttgart 1983.

II. Darstellungen

Als die Bäume noch grünten. Gedichte und Gedanken zu Bäumen, hrsg. von Doris Halter, Zürich 1976.

Beitl, Richard, Der Kinderbaum. Brauchtum und Glauben um Mutter und Kind, Berlin 1942.

Bernatzky, Aloys, Baum und Mensch, Frankfurt/M. 1973.

Bettelheim, Bruno, Kinder brauchen Märchen, Stuttgart 1977.

Bötticher, Carl, Der Baumkultus der Hellenen nach den gottesdienstlichen Gebräuchen und den überlieferten Bildwerken dargestellt, Berlin 1856.

Butterworth, Edric Allen Schofield, The Tree at the Navel of the Earth, Berlin 1970.

Cook, Roger, The Tree of Life. Image for the Cosmos, New York 1974.

Eliade, Mircea, Ewige Bilder und Sinnbilder. Vom unvergänglichen menschlichen Seelenraum, Olten 1958.

Eliade, Mircea, Geschichte der religiösen Ideen I: Von der Steinzeit bis zu den Mysterien von Eleusis, Deutsch von Elisabeth Darlap, 4. Aufl., Freiburg/Breisgau 1982.

Eliade, Mircea, Mythen, Träume und Mysterien, Deutsch von Michael Benedikt und Matthias Vereno, Salzburg 1961.

Eliade, Mircea, Die Religionen und das Heilige. Elemente der Religionsgeschichte, Deutsch von M. Rassem und I. Köck, Salzburg 1954.

Eliade, Mircea, Schamanismus und archaische Ekstasetechnik, Frankfurt/M. 1975.

Eliot, Alexander u. a., Mythen der Welt, Luzern 1976.

Fabricius, Johannes, Alchemy. The Medieval Alchemists and their Royal Art, Kopenhagen 1976.

Fischer, Susanne, Blätter von Bäumen. Legenden, Mythen, Heilanwendung und Betrachtung von einheimischen Bäumen, Frankfurt/M. 1981.

Forstner, Dorothea, Die Welt der Symbole, 2. Aufl., Innsbruck 1967.

Füglister, Robert L., Das lebende Kreuz. Ikonographisch-ikonologische Untersuchung der Herkunft und Entwicklung einer spätmittelalterlichen Bildidee und ihrer Verwurzelung im Wort, Einsiedeln 1964.

Gesicht und Seele der Bäume im Worte der Dichter, hrsg. von Etta Reich, Basel 1960.

Godet, Jean-Denis, Bäume Mitteleuropas in den vier Jahreszeiten, 2. Aufl., Berlin 1981.

Goetz, Oswald, Der Feigenbaum in der religiösen Kunst des Abendlandes, Berlin 1966.

Goldene Worte über Bäume. Gedanken aus alter und neuer Zeit, hrsg. von Robert Matzek, Stuttgart 1983.

Gollwitzer, Gerda, Bäume. Bilder und Texte aus drei Jahrtausenden, Herrsching 1980.

Grundfragen der Religionswissenschaft. Acht Studien, hrsg. von Mircea Eliade und Joseph M. Ritagawa, Salzburg 1963.

Halevi, Z'ev ben Shimon, Der kabbalistische Weg zur Bewußtseinserweckung. Der Baum des Lebens in der Schau unserer Zeit, Deutsch von Rudolf Meldau, Freiburg/Breisgau 1975.

Herrad von Landsberg, Hortus Deliciarum, hrsg. von Otto Gillen, Neustadt/W. 1979.

Hess, Walter, Dokumente zum Verständnis der modernen Malerei, Hamburg 1956.

Das Insel-Buch der Bäume, hrsg. von Gottfried Honnefelder, Frankfurt/M. 1978.

James, E. O., The Tree of Life. An archaeological Study, Leiden 1966.

Java und Bali. Buddhas, Götter, Helden, Dämonen, Ausstellungskatalog Linden-Museum Stuttgart, Mainz 1980.

Jung, C. G., Gesammelte Werke, XII: Psychologie und Alchemie, Zürich 1972. XIII: Studien über alchemistische Vorstellungen, 2. Aufl., Olten 1982.

Klee, Paul, Über die moderne Kunst, Bern 1949.

Klossowski de Rola, Stanislas, Alchemie. Die geheime Kunst, Stuttgart 1980.

Koch, Karl, Der Baumtest. Der Baumzeichenversuch als psychodiagnostisches Hilfsmittel, 6. Aufl., Bern 1972.

Der Lebensbaum. Ein Ursymbol aus Mythos und Tiefenpsychologie, hrsg. von Walter Kettler, München 1976.

Lichtenstern, Christa, Ossip Zadkine (1890–1967). Eine Einführung in das plastische Werk und seine Ikonographie, Berlin 1980.

Lurker, Manfred, Der Baum in Glauben und Kunst unter besonderer Berücksichtigung der Werke des Hieronymus Bosch. Studien zur deutschen Kunstgeschichte, 328, Baden-Baden 1960.

Lurker, Manfred, Götter und Symbole der alten Ägypter, 2. Aufl., Weilheim/Obb. 1974.

Lurker, Manfred, Symbol, Mythos und Legende in der Kunst. Die symbolische Aussage in Malerei, Plastik und Architektur, Studien zur deutschen Kunstgeschichte, 314, 2. Aufl., Baden-Baden 1974.

Mannhardt, Wilhelm, Wald- und Feldkulte I–II, 2. Aufl., Berlin 1904–1905.

Meili, Richard, Lehrbuch der psychologischen Diagnostik, 3. Aufl., Bern 1955.

Der Mensch und seine Symbole, hrsg. von C. G. Jung, Olten 1981.

Mercatante, Anthony S., Der magische Garten. Pflanzen in Mythologie und Brauchtum, Sage, Märchen und geheimer Bedeutung, Deutsch von Manja Wilkens, Zürich 1980.

Merz, Marianne, Blinddiagnose von Kinderzeichnungen 10- bis 11jähriger Schüler. Zulassungsarbeit zur 1. Prüfung für das Lehramt an Grund- und Hauptschulen, PH Heidelberg 1972.

Meves, Christa, Die Bibel antwortet uns in Bildern. Tiefenpsychologische Textdeutungen im Hinblick auf Lebensfragen heute, Herderbücherei 461, 11. Aufl., Freiburg 1980.

Philpot, Joseph Henry, The Sacred Tree, London 1897.

Rahner, Hugo, Griechische Mythen in christlicher Deutung, 2. Aufl., Darmstadt 1957.

Rech, Photina, Inbild des Kosmos I–II. Eine Symbolik der Schöpfung, Salzburg 1966.

Schönfeldt, Sybil Gräfin, Das große Ravensburger Buch der Feste und Bräuche, Ravensburg 1980.

Trümpy, Hans, Der Freiheitsbaum, in: Schweizer Archiv für Volkskunde 57–58, 1961–1962, S. 103–112.

Vann, Gerald, Der Lebensbaum. Studien zur christlichen Symbolik, Deutsch von Alfred Kuoni, Einsiedeln 1962.

Wachter, Emil, Die Bilderwelt der Autobahnkirche Baden-Baden, Freiburg/Breisgau 1980.

Weinhold, Gertrud, Das Evangelium in den Wohnungen der Völker. Das Paradies. Ökumenische und vergleichende Sammlung Weinhold im Museum für Deutsche Volkskunde Berlin, Berlin 1979.

Yarden, L., The Tree of Light. A. Study of the Menorah, London 1971.